INTRODUCTION

Problèmes.

Lorsque Racine fait jouer *Phèdre* le 1er janvier 1677, il vient d'écrire la dernière grande tragédie – la plus grande peut-être – de l'ère classique, et il met alors un terme à une carrière d'auteur dramatique aussi brillante que fulgurante puisqu'elle n'a occupé que treize années de sa vie (si l'on excepte un retour tardif et sans lendemain au théâtre avec *Esther* et *Athalie*). La pièce, très tôt considérée, malgré la cabale qui gâte ses débuts, comme un chef-d'œuvre et même comme le sommet du théâtre racinien, ne va plus cesser de fasciner, à travers les générations successives, le public, la critique, les acteurs et les metteurs en scène[1]. L'œuvre est devenue à vrai dire un véritable mythe, dans tous les sens du mot. Du mythe, elle a sans consteste le rayonnement, mais aussi l'opacité, la plasticité, les ambiguïtés et les mystères; rien qui soit moins lié que cette tragédie aux notions illusoires de clarté, de simplicité ou de transparence classiques!

UN MONUMENT DE LA LITTÉRATURE

Pour y voir plus clair, il est nécessaire d'avoir quelques évidences présentes à l'esprit :

1) Trois facteurs, conjoints de façon complexe, concourent à la naissance et à l'élaboration d'une œuvre littéraire (ou autre) : à une **époque** donnée un **être** singulier adopte pour s'exprimer une **« écriture »** particulière (ou une « forme », ou, comme l'on disait autrefois, un « genre »); par exemple dans la seconde moitié du XVIIe siècle, à l'apogée du règne de Louis XIV, pendant ces quelques années où l'histoire littéraire situe l'épanouissement du classicisme français, Jean Racine choisit d'écrire des tragédies. Pour comprendre et apprécier celles-ci, il faut avoir des connaissances suffisantes sur la **vie** étonnante et la **personnalité** énigmatique de l'auteur, sur la **société** brillante, raffinée et si contrastée qui a favorisé l'éclosion et le succès quasi immédiat de l'œuvre, et sur la nature exacte de cette **forme esthétique** et de ce véritable phénomène socioculturel qu'est la tragédie classique[2].

1. La tradition scolaire, quant à elle, a fini par lui conférer une célébrité qui n'est pas toujours de bon aloi : l'œuvre est devenue « classique »! – **2.** On se heurtera, en ce qui concerne chacun de ces trois points, à toutes sortes de difficultés, mythes ou mystères sans cesse grossis par l'éloignement de plus en plus grand de l'œuvre et de son contexte socioculturel.

2) *Phèdre* ne peut pas être étudiée isolément ; à propos de cette pièce la notion d'**intertextualité** prend une importance considérable pour trois raisons au moins :

AU ZÉNITH D'UNE ŒUVRE

a) Occupant une place éminente dans le théâtre racinien, cette tragédie est la **dernière d'une série,** et la critique s'entend à voir en elle le point d'aboutissement et pour ainsi dire le point d'orgue de toute une esthétique et d'une métaphysique qui se sont forgées en de brillantes variations successives, de *La Thébaïde*, la première œuvre jouée de Racine, à *Iphigénie*, qui a immédiatement précédé *Phèdre*. Certes la diversité et l'originalité sont incontestables d'une pièce à l'autre, mais l'unité aussi d'un monde cohérent et particulier ; la légende et l'histoire antiques, une certaine conception des passions et de la condition humaine, la grandeur louis-quatorzienne, le génie racinien proprement dit trouvent leur expression la plus achevée dans l'ultime chef-d'œuvre[3].

LA TRAGÉDIE CLASSIQUE

b) Le parallèle – sans cesse repris parce que nécessaire – entre **Corneille et Racine** ne peut qu'éclairer le théâtre d'un écrivain qui eut toujours devant les yeux, et ses contemporains avec lui, l'œuvre glorieuse de celui qui tout à la fois le devança et fut son rival, qui contribua grandement en tout cas à l'élaboration de la dramaturgie classique. S'il est raisonnable de distinguer deux tragédies classiques, celle des années 40, celle de Corneille (qu'on peut dire, en schématisant les choses, optimiste) et celle des années 60, celle de Racine (qui représente désormais le seul théâtre, pessimiste, qu'on reconnaisse pour vraiment tragique), il serait cependant dangereux d'oublier leur air de famille, et le souci identique chez les deux dramaturges de plaire à un public dont ils partageaient plus ou moins les goûts pour ce qui est de l'art dramatique, de ses règles et de ses thèmes : chez l'un comme chez l'autre par exemple, **l'amour et la politique** nourrissent les tensions de la cérémonie théâtrale ; il faudra rechercher les convergences pour mieux dégager les irréductibles originalités.

c) Enfin, lorsque Racine écrit *Phèdre*, il prend pour modèles la tragédie grecque d'Euripide et la latine de Sénèque, qui racontent toutes deux, la seconde s'inspirant de la première, la sombre histoire de Phèdre et d'Hippolyte : aussi le texte de l'écrivain français est-il une sorte de **palimpseste,** et la connaissance des sources permettra de saisir au mieux les effets bénéfiques de la paradoxale doctrine de l'imitation, si chère aux classiques, et qui engendra ici encore non pas un plagiat mais un nouveau et authentique chef-d'œuvre.

3. Dont la perfection expliquerait, selon certains, le silence qui l'a suivie.

I. « La carrière de Jean Racine »[4]

Une vie.

Dans une obscure petite ville de province, La Ferté-Milon, naît en 1639 Jean Racine, au sein d'une famille de notables locaux, fonctionnaires modestes et gens de loi. Très tôt orphelin, l'enfant est recueilli par sa grand-mère paternelle, qui, devenue veuve, finit par l'emmener avec elle à l'abbaye de Port-Royal des Champs, dans la vallée de Chevreuse, où elle se retire auprès de sa fille, religieuse.

DE PORT-ROYAL...

Le petit Racine est autorisé à suivre l'enseignement que dispensent de savants maîtres dans les « Petites Écoles » rattachées au monastère : il y fait de solides « humanités », à base de latin et de grec, qui façonnent en lui un goût et une sensibilité littéraires précoces. Ses études terminées après un an de philosophie au collège d'Harcourt à Paris, le jeune homme s'installe en 1659 (il a vingt ans) dans la capitale, où il fait ses premiers pas dans la société parisienne et le monde des lettres, se liant avec des gens d'esprit comme La Fontaine. Il s'essaie, non sans succès, à la poésie officielle, mais ne parvient pas à faire jouer une première tragédie, *Amasie* (perdue). D'ailleurs il doit choisir une carrière et s'assurer un revenu ; il part à Uzès, dans le Midi de la France, où un oncle chanoine pourra peut-être lui obtenir un bénéfice ecclésiastique. L'affaire n'ayant pas abouti, le voilà de retour à Paris, en 1663, où l'attendent ses premiers succès véritables : il écrit d'autres poèmes à la louange du roi, et on le présente à la Cour ; il élargit le cercle de ses relations, rencontre Boileau et surtout Molière, dont la troupe accepte de jouer en 1664 *La Thébaïde*, qui passe inaperçue, et en 1665 *Alexandre*, qui est une réussite, mais aussi la consécration de sa brouille avec Port-Royal et l'occasion d'une rupture retentissante avec Molière, à qui le jeune auteur retire sans préavis sa pièce pour la porter à la compagnie rivale de l'Hôtel de Bourgogne dont les acteurs ont la réputation d'être les meilleurs tragédiens du temps.

... AU THÉÂTRE...

Dès lors, pendant une dizaine d'années, la vie de l'homme va se confondre avec la carrière prestigieuse de l'écrivain, qui vole de succès en succès : *Andromaque* lui apporte une gloire fracassante en 1667 ; *Les Plaideurs* amusent la Cour en 1668 ; *Britannicus* pose l'auteur en rival de Corneille en 1669 ; *Bérénice* fait pleurer Versailles et Paris en 1670 ; *Bajazet* en 1672, *Mithridate* en 1673 jouissent d'une faveur identique ; *Iphigénie* est un triomphe en 1674 ; *Phèdre* enfin, en 1677, s'affirme très vite comme un « chef-d'œuvre de l'esprit humain » (Voltaire).

---

4. Tel est le titre de l'enquête, minutieuse et méthodique, de Raymond Picard, sur la vie de Racine, et la société de son temps, Gallimard, nouvelle édition 1961.

Et puis Racine cesse brusquement d'écrire pour le théâtre, et entame pour ainsi dire une seconde carrière, officielle celle-là, et toute remplie d'honneurs qui font de lui l'un des familiers de Louis XIV. Certes l'écrivain avait été élu dès 1673 à l'Académie française, mais c'était là une confirmation de la réussite littéraire ; deux nominations à des postes considérables et enviés, celui d'historiographe du roi et celui de « gentilhomme ordinaire de la chambre », ponctuent, en 1677 et en 1690, et parachèvent l'ascension sociale. Bien marié en 1677, bon père de famille, homme riche et célèbre, courtisan comblé, Racine n'a plus rien à désirer des biens de ce monde. Il revient tardivement au théâtre en écrivant, à la demande de Mme de Maintenon, deux pièces bibliques, *Esther* en 1689, *Athalie* en 1691, qui, loin d'être médiocres, marquent un renouvellement de son art et connaissent la même faveur que les tragédies précédentes. Les dernières années sont celles d'un chrétien du temps : les valeurs religieuses l'emportent sur les grandeurs terrestres ; Racine meurt en 1699 « avec des sentiments de piété très vifs et très édifiants » (selon les termes de son contemporain Charles Perrault). Le défunt est inhumé, comme il l'a souhaité, dans le cimetière de Port-Royal des Champs, au pied de la tombe de l'un de ses anciens maîtres.

... ET A LA COUR DE FRANCE

Mystères et controverses.

Quoi de plus étonnant que cette vie et que cet homme-là ! Force est de constater que rien ne prédestinait ce petit provincial, de naissance médiocre et sans fortune, à cette prodigieuse réussite, aussi mondaine que littéraire, et qui n'allait pas de soi dans la société hiérarchisée de l'époque. Quel chemin parcouru de La Ferté-Milon à la Cour du Roi-Soleil ! Le génie n'y pouvait suffire, mais la seule ambition non plus. Quelles ambiguïtés aussi dans la conduite de celui qui fut tour à tour, et parfois simultanément, un poète dramatique célèbre, un courtisan éminent et honoré, un croyant fervent et zélé ! On comprend les hésitations et même les accusations des contemporains en particulier, de la critique en général : du vivant de Racine s'est imposée l'image du méchant homme, faite d'ambition forcenée, de noire ingratitude, d'amour-propre hargneux, de servilité courtisanesque, d'hypocrisie religieuse, voire de passions ou de vices plus graves encore ; Boileau, son ami, le peignait « railleur, inquiet, jaloux et voluptueux » ; Diderot le dira « fourbe, traître, ambitieux, méchant » ; plus près de nous, J.-L. Barrault le comparera à un « tigre enragé ». Les brouilles avec Port-Royal et Molière, les préfaces polémiques visant les confrères et les critiques du temps, les liaisons avec des actrices, etc., autant de preuves qu'on versera au dossier d'un procès sans cesse instruit. Si l'on ne veut considérer que l'écrivain, la plus forte énigme est la brusque interruption de sa production, le plus étrange paradoxe l'impérieuse voca-

UNE PERSONNALITÉ ÉNIGMATIQUE

UN ÉTRANGE SILENCE

tion littéraire débouchant sur un renoncement rapide, et, semble-t-il, aisé, à la littérature! Sans doute pourrait-on souscrire à ce résumé d'une vie, qui est de la plume d'un satiriste de l'époque : « C'était par ses tragédies que Racine s'était fait connaître, qu'il avait acquis de la réputation, qu'il avait commencé à s'enrichir en partageant comme auteur l'argent qu'en retiraient les comédiens; enfin cela l'avait fait connaître du roi, qui lui avait donné le soin d'écrire sa vie, conjointement avec Nicolas Boileau, sieur Des Préaux, et lui avait donné une pension de six mille livres, et une charge de gentilhomme ordinaire dans sa Maison avec plusieurs autres grâces. »[5] Les choses cependant ne peuvent être aussi simples : le procès reste pendant! Quoi qu'il en soit, il est indiscutable que Racine a fréquenté, connu trois milieux différents : le milieu chrétien et austère de **Port-Royal,** le milieu libre et si pittoresque du **théâtre** et des comédiens de son temps, le milieu magnifique de **la Cour,** et même l'entourage immédiat du roi. Les singularités, les modes de vie et de pensée, les idées et les passions de chacun de ces trois milieux expliquent au fond de façon assez claire non seulement la réussite sociale et littéraire de l'homme mais encore la complexité et l'originalité d'une œuvre à propos de laquelle on parlera par exemple de la tristesse janséniste, d'une âpre psychologie, d'une véritable mystique de la royauté, ou encore de la dramaturgie classique.

DÉVOTION, LIBERTINAGE, MAGNIFICENCE

II. Racine et Port-Royal

Une abbaye célèbre.

Lorsque le petit Racine arrive en 1649 à Port-Royal des Champs, cette vieille maison cistercienne, réformée dès 1608 par l'une de ses abbesses, la Mère Angélique Arnauld, est au cœur d'un vaste conflit religieux et politique (c'est tout un dans la France des Rois Très Chrétiens), qui a opposé pendant presque tout le siècle les partisans et les adversaires d'un certain christianisme, que l'on appelle le **jansénisme.** A l'origine les idées, la théologie d'un évêque flamand, Jansénius, auteur d'une somme parue en 1640, et communément désignée sous le vocable de l'*Augustinus*, parce qu'elle s'inspirait de la doctrine d'un Père de l'Église, saint Augustin. Dès 1636 un disciple de Jansénius, l'abbé de Saint-Cyran, avait acquis au jansénisme les religieuses de Port-Royal (dont il était devenu le directeur spirituel); d'autres suivirent, une certaine élite bourgeoise (des parlementaires surtout), des familles aristocratiques, des membres influents du clergé séculier paroissial. Des intrigues compliquées, des querelles théologiques, des interventions poli-

AU CŒUR D'UN ÂPRE CONFLIT

5. Texte cité par R. Picard.

Gravure du XVIIᵉ siècle représentant traditionnellement le Roi-Soleil à la manière d'un dieu antique auréolé de lumière.

tiques firent l'essentiel des hostilités[6]. Il convient de souligner que les persécutions furent menées d'abord par Richelieu, puis par son successeur Mazarin, et enfin par Louis XIV en personne : la lutte contre les jansénistes fut en effet une des constantes du pouvoir monarchique qui parvint à obtenir de la Papauté plusieurs condamnations de leur doctrine, et sévit à plusieurs reprises contre le monastère lui-même et ses partisans, depuis l'expulsion en 1661 des pensionnaires et des novices de Port-Royal ou la dispersion des maîtres de Racine jusqu'à l'offensive finale de 1709 qui aboutit à la démolition pure et simple de l'abbaye. Pourquoi tant d'acharnement et de passion ?

---

6. Cf. Louis Cognet, *Le Jansénisme*, P.U.F., 1975.

Un mouvement contestataire.

Port-Royal et les jansénistes eurent le tort de s'opposer à l'évolution de la société du XVIIe siècle à la fois sur le plan religieux et sur le plan politique : leur christianisme était d'un autre âge et leur loyalisme ne pouvait s'accommoder de l'absolutisme triomphant.

1) Un christianisme intransigeant . La France de Louis XIII et de Louis XIV est dotée d'une solide armature chrétienne. La première moitié du siècle a été marquée par un grand renouveau catholique, par cette **Contre-Réforme** qui a suscité un tel élan spirituel qu'on a pu parler d'« un siècle de saints » ou du « Grand Siècle des âmes » ; sous le règne de Louis XIV la société reste, dans sa majorité, dévote, et les élites continuent à se passionner pour des notions, des conceptions ou des dogmes d'une grande importance pour la vie chrétienne mais d'une grande obscurité pour les esprits d'aujourd'hui ! Dès ses origines, l'Église a été divisée par des querelles théologiques mettant en cause les rôles respectifs de Dieu et de l'homme dans l'aventure du salut, autrement dit les relations à définir entre la **grâce divine** et la **liberté humaine.** D'un côté la créature, faible et misérable, déchue par le péché originel, de l'autre le Créateur dont la « grâce efficace » (faveur éminente, don précieux, aide infaillible) aidait l'homme à se sauver, car ses seules forces à lui n'y auraient pas suffi, ni ses prières, ni ses bonnes œuvres. L'idée d'une **« prédestination gratuite »** pouvait s'imposer, puisqu'il y avait des élus et des réprouvés, que l'homme ne pouvait contribuer seul à son salut et qu'on ne pouvait trop accorder à son **« libre arbitre »** (sa volonté souveraine, sa liberté de choix) sans empiéter sur la toute-puissance divine : Dieu devait donc décider de perdre ou de sauver les âmes par un décret absolu se conciliant avec sa justice et sa bonté d'une façon mystérieuse.

LA FRANCE DES « ROIS TRÈS CHRÉTIENS »

LIBERTÉ ET GRÂCE

Saint Augustin s'était fait en son temps le champion de la grâce, insistant sur l'omnipotence de cette dernière, sur la déchéance de l'homme, au libre arbitre réduit par la faute originelle, et incapable par lui-même de tout bien. Le Concile de Trente s'était contenté d'affirmer la toute-puissance de la grâce, sa nécessité, et la réalité du libre arbitre, son existence. **Les protestants,** quant à eux, mettaient l'accent sur l'idée de prédestination. Le renouveau catholique réanima le débat en conduisant deux règles spirituelles à s'affronter violemment en son sein :

a) Les **jésuites,** frappés par le réel danger que représentait une théologie trop pessimiste, qui pouvait amener les âmes au fatalisme, à l'indifférence, voire à l'athéisme, imprégnés par ailleurs de ce courant humaniste qui tendait depuis la Renaissance à réhabiliter la nature humaine, soucieux aussi de combattre les erreurs du protestantisme, entreprirent d'échafauder une doctrine plus optimiste,

DEUX THÉOLOGIES, DEUX MORALES

mieux accordée aux besoins du temps. L'un d'eux, le jésuite Molina, dans un ouvrage paru en 1588, avait substitué à la grâce efficace *« la grâce suffisante »*, qui apportait au pêcheur tout ce qui lui était nécessaire pour son salut mais n'agissait effectivement que si la volonté humaine allait aussi dans le même sens, et à la prédestination gratuite *« la prédestination en prévision des mérites »*, connus d'avance par Dieu pour chaque créature ; le « molinisme » tempérait heureusement le pessimisme augustinien.

b) Les **jansénistes** ne firent au contraire que l'aggraver, mettant en avant la nécessité impérative de *la grâce*, son efficacité infaillible, *la gratuité absolue de la prédestination*, la profonde *misère de l'homme* qui ne pouvait aimer que lui-même, les créatures, le mal, et tendait toute sa volonté vers le bonheur et les plaisirs terrestres au lieu de n'aimer que Dieu et de n'avoir foi qu'en lui, de ne s'en remettre qu'à lui. Comme les articles de foi devaient façonner les règles de vie, il y eut donc deux morales : l'une, indulgente, adapta aux cas concrets et particuliers une théologie plus souple : ce fut la **« casuistique »** des jésuites qui s'accommodait du monde tel qu'il était et parut à certains par trop laxiste... ou jésuitique ! Ses solutions en tout cas, dans leur formalisme ou leurs ambiguïtés, permettaient au pécheur de concilier (trop commodément ?) ses passions, la vie dans le monde et les obligations chrétiennes[7] ; l'autre rigoriste et intransigeante, celle des jansénistes, prônait une vertu austère, une **piété sans concessions,** et pour tout dire la retraite loin d'un monde radicalement mauvais.

2) Le triomphe du jansénisme. Le paradoxe est que, battu sur le terrain, le mouvement eut une influence considérable sur les âmes et les esprits dans la seconde moitié du siècle. La nouvelle métaphysique conduisait à des vues pessimistes sur la nature humaine, à une âpre psychologie, à la dénonciation des illusions et des valeurs de la génération précédente, de tout cet idéalisme aristocratique qui faisait de la grandeur humaine le marchepied des grandeurs célestes, qui pouvait confondre le sublime mondain et le sublime chrétien, l'héroïsme et la sainteté (cf. le théâtre cornélien), bref à *« la démolition du héros »* (P. Bénichou). Ce n'est pas un hasard si les grands écrivains classiques, Pascal déjà, puis Mme de La Fayette, La Rochefoucauld, Racine, sans parler de Boileau, etc. nourrirent leurs œuvres d'une morale lucide et pessimiste, voire d'une amer-

UNE VISION TRAGIQUE DU MONDE

7. On sait que Pascal, prenant le parti des jansénistes, publia en 1656 ses mordantes *Provinciales*, contre la théologie et la morale des jésuites, ouvrage condamné au feu par le Conseil du roi en 1660.

tume désenchantée, ou bien d'un nouvel **héroïsme, pathétique et tragique** celui-là. Il ne s'agissait plus que de montrer à l'œuvre, derrière les nobles conduites et les aspirations sublimes, l'amour-propre, l'instinct égoïste, les passions misérables et leurs désordres, que de révéler l'échec irrémédiable des vies, la solitude des êtres, la tristesse du monde. « L'officielle condamnation du jansénisme ne pouvait empêcher le triomphe, au moins dans les âmes, des tragiques inquiétudes qu'il professait. L'heure de Racine avait sonné » (J. Morel).

Querelles autour de Racine.

Toutes les considérations précédentes n'étaient pas inutiles. Les liens évidents de l'homme avec l'abbaye obligent à se demander (et la critique est singulièrement divisée à ce sujet !) si le jansénisme – milieu et idéologie – a eu une influence réelle et profonde sur l'écrivain et son œuvre. Il est raisonnable de reconnaître que Racine a eu une double dette à l'égard de Port-Royal. Il lui doit en effet :

1) **Ses biens terrestres :** dans les « Petites Écoles » de ce monastère (dont l'abbesse était sa propre tante) le « jeune lévite » (R. Picard) eut pour maîtres les « Messieurs » (ou « Solitaires »), ces bourgeois pieux, austères et savants, pédagogues émérites, latinistes ou hellénistes réputés[8], que leur ferveur janséniste avait poussés à se retirer dans la vallée de Chevreuse. A ces gens-là Racine a dû son immense **culture,** sa connaissance approfondie des écrivains de la Grèce et de la Rome antiques.

L'ENFANT PRODIGUE

Ce n'est pas tout : l'abbaye et le clan janséniste aidèrent... à la **réussite mondaine** du jeune homme. Racine aura en effet à Paris pour principal guide son cousin Nicolas Vitart, ancien élève de Port-Royal, secrétaire-intendant de la puissante famille des Chevreuse, fort liée à l'abbaye ; cet homme influent se fera l'« impresario » du débutant, attirera sur le poète les yeux des gens en place dans la société mondaine et littéraire, ceux de la Cour même, le maintiendra dans la mouvance de tout un groupe aristocratique (les Chevreuse étaient alliés aux Colbert), qui facilitera l'ascension de l'écrivain et du courtisan. Bien sûr, les préjugés du temps, le rigorisme janséniste, la vocation intransigeante de l'auteur dramatique, et son caractère difficile, écarteront l'homme de l'abbaye, les condui-

8. Ils étaient les auteurs de *Nouvelles méthodes* pour apprendre les langues grecque et latine, d'*Essais de morale*, d'une *Grammaire générale et raisonnée*, d'une *Logique de Port-Royal*, etc.

ront l'un et l'autre à se brouiller, le temps de la carrière théâtrale, mais Racine reviendra dans le giron de son premier milieu. Le retour de l'enfant prodigue, la réconciliation datent sans doute de 1677, l'année de *Phèdre* et de la retraite (et dans ce rapprochement certains critiques voient la raison décisive du renoncement au théâtre, condamné à l'époque par les esprits pieux). A partir de ce moment-là le courtisan comblé s'est fait peu à peu l'auxiliaire dévoué du monastère et de ses partisans en butte aux persécutions du pouvoir ; il parvient, non sans courage et habileté, à être à la Cour, auprès d'un roi pour qui « un janséniste est tout ensemble un homme de cabale et un homme rebelle à l'Église » (lettre de Racine), le représentant d'une cause en péril.

2) **Des biens spirituels.** Il n'est pas douteux que Racine a trouvé dans ce centre d'une spiritualité intense et d'une culture raffinée une véritable patrie, aussi bien celle de l'enfance que celle de la foi retrouvée. Pourquoi ironiser sur sa conversion religieuse après une vie de plaisirs et de dissipations ? Pourquoi le taxer d'hypocrisie ou d'opportunisme lorsqu'il devint dévot avec le roi et la Cour ? C'était là l'évolution sincère de nombre de ses contemporains, et l'on passait aisément des palais aux cloîtres. La pieuse inspiration d'*Esther* et d'*Athalie* ne fut pas seulement de commande ; Racine se montra chef et père de famille chrétien ; il pratiquait la Bible et en tira de fort beaux *Cantiques spirituels* en 1694, au moment où Boileau travaillait à sa grande *Épître de l'Amour de Dieu.* La foi de Racine est décidément authentique : le problème est de savoir si elle était de tonalité janséniste. Tel critique (A. Niderst) parle de deux Racine : l'un, tenté par un **christianisme optimiste** et mondain écrirait des tragédies où la Providence finit par infléchir heureusement le cours du drame *(Iphigénie, Athalie,* par exemple), l'autre, imprégné de **tristesse janséniste** conduirait ses personnages au malheur et à la mort dans un univers dominé par une fatalité impitoyable *(Bajazet, Phèdre).* Tel pense que « de l'enseignement de ses maîtres il a tiré des connaissances plutôt qu'une vision tragique du monde ou une conception du salut » (R. Picard). Cette vision tragique pourtant, tel autre la retrouve, identique, dans le théâtre de Racine et les *Pensées* de Pascal (L. Goldmann). Tel enfin, dans une perspective psychanalytique, explique le côté passionnel des relations entre le poète et l'abbaye par les lents cheminements d'une âme incapable de renier définitivement la première empreinte, secouant et reprenant le joug aimé et détesté, marquée à tout jamais par un conflit intériorisé (Ch. Mauron). Il serait sans doute abusif et partial, dangereusement réducteur en tout cas de ne voir dans l'œuvre de Racine qu'une simple transcription théâtrale de la métaphysique et de la morale jansénistes. D'autres influences ont joué. Mais on ne peut pas non plus nier complètement l'intégra-

RACINE ET DIEU

tion, plus ou moins consciente, dans l'univers racinien, de certains éléments de ce christianisme-là. Le jansénisme dut être le nécessaire médiateur entre le dramaturge moderne et les tragiques grecs, entre la prédestination chrétienne et la fatalité antique (cf. *Analyse synthétique*). De ce point de vue, *Phèdre* occupe une place privilégiée.

III. Racine et la Cour

Outre Port-Royal, la Cour du roi Louis XIV (qui est à peu près du même âge que l'écrivain) a joué un rôle décisif dans la vie de Racine et l'élaboration de son œuvre, et cela de plusieurs manières.

Le mécénat royal.

Lorsque le jeune Racine arrive, à vingt ans, dans la capitale, il va aussitôt bénéficier d'un heureux concours de circonstances. Au même moment en effet, en 1661, commence le règne personnel de Louis XIV, et le nouveau souverain entreprend, avec l'aide de Colbert, de transformer en mécénat officiel la protection que traditionnellement les Grands ou les puissants (comme Fouquet qui vient d'être disgracié) accordaient aux artistes, dont les écrivains, de leur temps.

POLITIQUE ET CULTURE

En clair il ne s'agit plus de favoriser de façon plus ou moins intermittente ou capricieuse – ainsi que l'avaient fait les Valois ou Louis XIII ou Mazarin – l'éclosion des chefs-d'œuvre, l'épanouissement des arts, mais de donner un essor décisif au processus entamé par Richelieu (lequel avait commencé à institutionnaliser le monde des lettres en créant par exemple l'Académie française), d'officialiser le protectorat ébauché, de « nationaliser » (R. Picard) la culture, de créer pour ainsi dire une « Manufacture royale » qui aurait pour tâche d'embellir par ses productions le nouveau règne et de célébrer la grandeur du monarque. Pour qu'artistes et gens de lettres puissent œuvrer à cette entreprise, il faut, pense le gouvernement, les décharger des soucis matériels, leur verser des « pensions ». Une liste doit être dressée des heureux élus; Chapelain, un poète et critique littéraire illustre du règne précédent, est donc chargé de découvrir les talents et de stimuler les thuriféraires. Or Racine s'est mis dès 1660 à écrire des poèmes à la louange du roi, œuvres de circonstance que le cousin Vitart s'est occupé de montrer à Perrault, à ces gens influents dont peut dépendre une carrière. Dès 1663, Racine est admis au lever du roi. Placé sur la fameuse liste, pensionné, le voilà en passe de devenir un poète officiel. On se rappelle que très vite pourtant il choisit d'écrire pour le théâtre, mais ce changement de cap, loin de lui aliéner les bonnes grâces du roi ou de l'écarter de la Cour, va au contraire consolider durablement la faveur royale et le succès de l'écrivain.

Le poète courtisan.

Louis XIV et son entourage, sa maîtresse, Mme de Montespan, l'altière favorite qui brilla à la Cour pendant la période la plus fastueuse du règne, ne cesseront pas, durant les quelques treize années de la carrière théâtrale de Racine, d'applaudir à ses œuvres et de prodiguer leur appui. Madame, la propre belle-sœur du roi, dont le nouvel auteur fréquente le cercle, s'est intéressée de fort près à la gestation d'*Andromaque* (comme en témoigne la préface de la pièce), créée avec un immense succès dans l'appartement de la reine, devant le souverain et la Cour. A la représentation des *Plaideurs* les courtisans ont ri, et la ville a suivi. De *Britannicus*, l'auteur lui-même dira, dans la préface de l'édition collective de ses œuvres (1676) : « C'est maintenant celle des miennes que la Cour et le public revoient le plus volontiers. » « Le Roi a été content de *Bérénice*, lui dont l'approbation est trop glorieuse pour son auteur, et dont le seul plaisir est l'unique but de l'ambition du poète le plus ambitieux qui soit en France. » (Témoignage d'un contemporain); cette pièce aussi a d'abord été jouée devant la Cour avant d'être donnée à Paris. *Bajazet* s'est conformé à l'engouement des courtisans pour les « turqueries ». *Mithridate* est devenue la tragédie préférée de Louis XIV qui la fera représenter plusieurs fois devant lui. Il semble d'ailleurs que Racine finisse par travailler exclusivement pour Versailles où son *Iphigénie* triomphe dans le cadre de fêtes somptueuses. *Phèdre* – qui n'aurait sans doute pas connu les déboires que l'on sait si le prince et son entourage en avaient eu la primeur, et non les spectateurs parisiens! – suscite tout autant les louanges du souverain, et la pièce, applaudie à plusieurs reprises à la Cour, est choisie pour la première représentation officielle et solennelle de la Comédie-Française en 1680. Plus tard enfin les deux tragédies bibliques d'*Esther* et d'*Athalie*, jouées par les pensionnaires de Saint-Cyr – cette maison que Mme de Maintenon, la seconde épouse du roi, avait fondée pour l'éducation des jeunes filles pauvres de la noblesse – seront des succès aussi mondains que littéraires et susciteront les mêmes éloges que par le passé. De ce goût grandissant et constant du souverain et de sa Cour pour les œuvres de Racine témoignent l'augmentation régulière des gratifications royales[9], les dédicaces des pièces, et des grâces qui ont paru exorbitantes aux yeux des contemporains, comme l'élection à l'Académie française imposée dès 1672, ou l'octroi gracieux en 1674 de la charge considérable de trésorier de France, laquelle assurait un important revenu et la noblesse transmissible. « L'illustre

LA FAVEUR DU ROI

---

9. 800 livres après *Alexandre*, 1 200 après *Andromaque* et *Les Plaideurs*, 1 500 après *Britannicus* et *Bérénice*, etc. « La livre Louis XIV aurait un pouvoir d'achat de 7 à 15 nouveaux francs » écrit R. Picard en 1961 ; quoi qu'il en soit, le revenu de Racine, augmenté par d'autres sources, finira par devenir considérable.

Louis XIV et Racine : sur ces tableaux, les deux hommes ne sont pas sans ressemblance !

M. de Racine » (Gazette d'Amsterdam) peut désormais entamer sa seconde carrière.

Le courtisan poète.

Après *Phèdre*, le poète ne renie nullement son œuvre passée : il s'occupe de sa survie, c'est-à-dire des éditions collectives successives de son théâtre (en 1676, en 1687, 1697 ; et chaque fois des remaniements, des retouches améliorent le texte), mais désormais le courtisan se consacre à des tâches plus sérieuses. La nomination en 1677, conjointement avec Boileau, au poste envié d'**historiographe du roi** est une admirable promotion et une fonction officielle : le grand écrivain est choisi pour relater la vie de Louis XIV, composer au vrai son panégyrique pour la postérité[10], se dévouer tout entier au culte royal. Nommé par ailleurs membre de l'Académie des Inscriptions et Médailles, Racine rédige lui-même les légendes des grands tableaux de Le Brun célébrant les événements glorieux du règne. De sa plume aussi celui que l'on appelle « le savant de la Cour » ne dédaigne pas de contribuer à l'éclat des divertissements royaux, en composant en 1685 les vers de *L'Idylle sur la Paix, pour être chantée dans l'orangerie de Sceaux*, sur une musique de Lully, œuvre qui sera le clou de l'une des fêtes les plus somptueuses du règne. Racine finit par être à ce point distingué du gros des courtisans qu'il est reçu dans le cercle restreint

LE SERVITEUR ET L'AMI DU MONARQUE

10. Racine s'est sérieusement consacré à cette tâche, mais il ne nous reste presque rien de son œuvre d'historien, qui a disparu, restée manuscrite, au milieu de ses papiers, dans un incendie.

qui accompagne parfois le roi à Marly. Après *Athalie*, il est mis au nombre des « Gentilshommes ordinaires de la Chambre », gens de bonne noblesse, hommes de confiance du souverain, préposés à des tâches diverses. En 1695 le courtisan comblé se voit attribuer un logement à Versailles et devient l'un des intimes du monarque, qui le réclame pour lui faire la lecture (de Plutarque!) ou la conversation. Enfin le roi ira jusqu'à autoriser le transfert du défunt à Port-Royal, et donnera une pension à sa veuve et à son fils.

Un théâtre de cour.

Tout ce qui précède n'est pas pure anecdote. Il est juste sans aucun doute que pour la postérité l'image du courtisan se soit effacée et que seule ait survécu l'œuvre du poète, mais on risque fort de ne pas comprendre grand-chose, au XXe siècle, à ce théâtre racinien, de le juger par trop anachronique ou étranger, si l'on ne comprend qu'il a été en **symbiose étroite** avec ce milieu très singulier et fascinant de la Cour louis-quatorzienne[11]. L'influence de ce microcosme socioculturel, gravitant autour du Roi-Soleil, et donnant, en cette seconde moitié du XVIIe siècle, le ton à la ville, n'a pu être que décisive sur l'œuvre de celui qui a voulu, comme tous les grands classiques, plaire à son public, c'est-à-dire d'abord au roi et à la Cour, non pas pour le seul amour du succès et de la réussite, mais parce que son propre goût – et celui de la plupart de ses contemporains – s'accordait parfaitement à celui d'une société suffisamment brillante et raffinée, rayonnante en un mot, pour séduire les esprits, modeler les mentalités et se réfracter dans les œuvres. Dans les mains du poète courtisan Racine, la tragédie classique s'affirme encore plus comme « un miroir promené sur les palais des rois » (F. Mauriac), ou plus exactement sur ce monde très singulier de la Cour du Roi-Soleil, ce qui confère au spectacle et au texte même les caractéristiques suivantes :

LA TRAGÉDIE ET LES ROIS

1) La tragédie s'ordonne comme un **cérémonial :** les acteurs, qui portent le costume de cour (qu'ils soient grecs ou romains!), parlent, bougent en respectant les règles de l'étiquette, les usages de l'entourage royal; leur politesse est solennelle (« Prince... »; « Madame... »), tout comme leurs gestes; leur langue est celle de la Cour pour une bonne part de son vocabulaire et de ses tournures...; ils ont décidément « ce grand air du monde » que Saint-Simon reconnaissait à leur créateur; les mises en scène modernes peuvent ignorer cet « air », mais le texte en garde l'empreinte.

11. Il en va de même pour le chef-d'œuvre de Mme de La Fayette, *La Princesse de Clèves*, autre miroir de la Cour.

2) Le théâtre classique est **allégorique :** l'anachronisme ne gênait pas les contemporains qui cherchaient dans les œuvres de perpétuelles allusions : personnages mythologiques ou historiques évoquaient immanquablement le roi de France ou son entourage, les situations dramatiques, celles de l'actualité princière ou aristocratique, etc. ; on cherchait des « clés » partout.

SPLENDEURS
ET MISÈRES

3) C'est que le théâtre de cour représente le **théâtre de la Cour :** ses héros en sont les rois, les princes, les grands, les courtisans, avec leurs intérêts et leurs passions et leurs intrigues ; les préoccupations majeures sont l'amour et la politique, les conflits et les drames ceux que ces occupations engendrent et que la prison dorée de la Cour ne fait qu'exaspérer ; les valeurs sont celles de la naissance (du « sang »), de la « gloire », du paraître, etc. De ce point de vue la peinture que Racine fait de ce milieu est profondément ambiguë, à la fois mythification et démystification : son expérience de la Cour, sa lucidité « classique », son pessimisme, « janséniste » peut-être, lui font porter un regard aigu sur un monde qui était tout en contrastes (brutalité et raffinement, asservissement et morgue des Grands, débauche et dévotion, etc.). L'amour est galanterie raffinée et/ou désir forcené ; la politique est faite de grands intérêts d'État et/ou d'intrigues machiavéliques. La cruauté et la violence rôdent sous les lambris dorés ; la grandeur et la pompe ne font que parer les faiblesses des êtres. Les valeurs et les passions tournent en rond, subtilement perverties par l'implacable mécanique de la Cour. Corneille peignait lui aussi un monde aristocratique et princier, mais « généreux », ouvert et exaltant ; Racine évoque les jeux égoïstes et funestes des grands féodaux métamorphosés en courtisans.

4) **La « mondanisation »** (J. Morel) de la Cour sous le règne de Louis XIV, en laquelle il faut voir le point d'aboutissement de cette civilisation des mœurs entreprise dans les salons précieux, conduit les écrivains classiques à adopter une esthétique qui repose tout à la fois sur le goût du magnifique, du grandiose ou du cérémonieux, sur celui de l'élégant, du raffiné ou du policé, sur celui enfin du tendre, du romanesque ou du pathétique : « Il y a une parenté de ton, de style, parfois d'inspiration entre Racine et le La Fontaine d'*Adonis* ou de *Psyché,* voire entre Racine et le Molière des fêtes de Vaux et de Versailles. Ce temps est celui de la politesse, des manières et de la parole, et de la complaisance à l'expression des sentiments rares, ceux qui, depuis Desportes, tentent les poètes galants du siècle et qu'ils sont parvenus à exprimer sous une forme toujours plus exquise. Il fallait au poète d'*Andromaque*, au départ de ses analyses les plus cruelles, passer par ce langage à la

DES MŒURS
CIVILISÉES,
UN ART
RAFFINÉ

fois exigeant et retenu et montrer qu'il n'ignorait rien des anatomies du cœur humain chères aux héritiers de la préciosité » (J. Morel). Saint-Simon soulignait que « les dames, les jeunes gens, tout le bel air de la Cour et de la ville » étaient pour Racine. A ce titre le succès de ses pièces reposa peut-être sur un malentendu : le public mondain voulait éprouver des émotions attendries et point trop fortes, et pleurer avec plaisir ; il fut plus sensible au pathétique harmonieux de Racine qu'à sa profondeur tragique. Il est possible aussi que la cérémonie dramatique, avec son rituel de cour, ait voilé ou même dissimulé à bon nombre des contemporains – comme à une certaine critique ou à un public moderne – la cruauté essentielle du théâtre racinien, au lieu de remplir sa véritable fonction (cf. *Analyse synthétique*).

La médiation de la cour.

Faut-il pour autant parler d'un théâtre désuet, reflet d'une société disparue, et dont la fin entraîna celle du genre dans notre littérature, tant la tragédie classique était – ou paraissait – liée au système monarchique ? Un spectateur, ou un lecteur de notre temps, doit-il souscrire aux réticences d'un Diderot ou d'un Beaumarchais appelant de leurs vœux un drame moderne ? Doit-il regretter que Racine ait asservi son génie à un milieu et à un goût condamnés par l'évolution historique, dénoncer une fadeur et un conformisme nuisibles à la grandeur de l'œuvre, déplorer l'adaptation... mondaine de la cruelle légende antique ? Il faut certes oser dire que les tragédies de Racine appartiennent à un certain moment de notre histoire, qu'elles sont louis-quatorziennes, mais reconnaître également, pour peu qu'on consente à l'effort nécessaire d'accommodation, que la médiation de la Cour a permis à l'auteur, comme celle du milieu janséniste, de retrouver le secret de la tragédie. Le culte de la personne royale repose non sur une vulgaire flagornerie courtisanesque, mais sur une véritable mystique de la royauté, cette dernière réverbérant en quelque sorte la condition humaine : « L'homme tragique par excellence, c'est le prince ! L'œuvre de Racine constitue un long dialogue avec Louis XIV. Elle lui donne à voir les grandeurs et les faiblesses, les bonheurs et les échecs des hommes qui sur terre sont les plus proches de Dieu. Le roi, personnage tout-puissant mais exposé à toutes les tentations, élu par Dieu mais parfois repoussé par lui, est dans la tragédie moderne ce que le héros ou demi-dieu était dans les œuvres d'Euripide : l'homme exemplaire parce que résumant la communauté dont il est responsable, pouvant plus radicalement que tout autre choisir le Bien ou le Mal, portant plus que tout autre le poids de la responsabilité. Racine, comme tant de ses contemporains, a été ébloui et effrayé à la fois par la splendeur fascinante et dangereuse du Roi-Soleil ; il voyait en lui, disait-on, l'incarnation des grandeurs et des misères de l'homme » (J. Morel).

L'EXEMPLE DES ROIS ET DES HÉROS

IV. Racine et le théâtre de son temps

De 1664 à 1677, Racine a fréquenté assidûment le milieu théâtral, dont il a été l'une des figures dominantes ; il est monté en première ligne dans la fameuse « querelle du théâtre » ; il a lutté contre ses rivaux ; il s'est voulu le meilleur défenseur d'un système d'art dramatique exigeant et complexe que ses prédécesseurs, dont Corneille, avaient peu à peu forgé et sans cesse affiné. Les constantes, les tensions ou les inflexions du théâtre de son temps – qui est autant un vaste phénomène socioculturel qu'une production artistique – expliquent également nombre des caractéristiques de son œuvre.

L'âge d'or du théâtre.

On a peine à imaginer aujourd'hui la passion du siècle pour le théâtre, l'un des divertissements de prédilection de la Cour et de la ville, l'un des sujets les plus débattus des conversations mondaines et des controverses théoriques. Les conséquences de cet engouement sur l'élaboration et la création des pièces sont diverses :

COMÉDIENS EN VOGUE

1) De nombreuses **troupes rivales** se partagent les faveurs du public : « L'Hôtel de Bourgogne[12] », dont les comédiens ont créé la plupart des tragédies de Racine, « Le Marais », qui a surtout joué Corneille, « Le Palais Royal », qui s'est spécialisé avec la troupe de Molière dans la comédie, etc. Au théâtre les spectateurs vont voir leurs acteurs préférés, leurs vedettes, et les auteurs dramatiques créent leurs personnages en pensant aux comédiens qui vont les incarner, aux particularités de leur personne et de leur jeu ; Corneille et Racine n'agissent pas autrement, et l'on connaît le mot de Mme de Sévigné, fervente admiratrice du premier, à propos du second : « Racine fait des comédies pour la Champmeslé, ce n'est pas pour les siècles à venir. » Le public et les acteurs aiment l'emphase, une noblesse artificielle, des rôles brillants, à effets : le goût de la tirade, de sa pompe, de sa rhétorique et, chez les meilleurs, de sa grandeur et de sa poésie, vient de là. Le théâtre classique est **« un théâtre d'acteurs »** (J. Truchet). Dans le cas de Racine il est intéressant de savoir que ses héroïnes doivent beaucoup aux traits communs des deux actrices que le poète aima, Thérèse Du Parc et Marie Champmeslé (qui incarna Bérénice, Atalide, Monime, Iphigénie et Phèdre), à leur séduction de femmes jeunes et belles et à la nature de leur jeu, caractérisé par un pathétique plus simple et plus attendrissant que ne le voulaient les coutumes théâtrales

12. L'usage était d'appeler les compagnies par le nom du lieu où elles se produisaient.

du temps, et auquel Racine devait de passer pour « tendre » (l'adjectif s'appliquait à l'époque à un violent pathétique, surtout d'origine amoureuse).

2) Une production foisonnante[13], une grande variété dans les écritures et les styles témoignent de la **vitalité de l'art dramatique :** tragédies, tragi-comédies, pastorales dramatiques, comédies, « tragédies en musique » ou opéras (sans parler de distinctions plus subtiles : tragédies antiques, galantes, comédies pastorales, héroïques, comédies-ballets) satisfont à des goûts divers ou opposés. Comment comprendre la tragédie dite « classique », ou racinienne, sa grandeur, son esthétique hautaine, son originalité réelle, sans la mettre en rapport quelque peu avec les autres formes théâtrales qui eurent autant et plus parfois de succès qu'elle-même ? La première moitié du siècle avait aimé des **œuvres « baroques »,** la **tragi-comédie** surtout, avec ses personnages et ses intrigues romanesques, ses sujets non historiques, son parti pris d'invraisemblance et de complication, sa fin heureuse, son mélange des tons, bref sa liberté et sa fantaisie ; ou bien la **première tragédie classique,** celle de Corneille, qui allait vers l'extraordinaire, le grand, l'héroïque et le sublime, sans dédaigner le spectaculaire, le surprenant et même l'extravagant, qui s'entendait enfin à provoquer davantage l'admiration que la terreur et la pitié.

RACINE ET LE THÉÂTRE DE SON TEMPS

Le théâtre de la seconde moitié du siècle ne se résume pas, quant à lui, à l'œuvre de Racine et l'on a pu dire que le « plein classicisme » (J. Truchet) était peut-être plus un mythe qu'une réalité, que « le théâtre, surtout en ces années brillantes de la jeunesse de Louis XIV, n'avait pas vocation pour être le terrain d'élection du classicisme. Par sa nature, par son style, par ses acteurs, par son public, il était bien plutôt le lieu désigné de la résistance à l'esprit classique » (du même critique). Les rivaux de Racine, Thomas Corneille, Quinault, et leurs émules écrivaient des pièces à succès, influencées certes par l'esthétique classique, mais toujours fidèles à l'éthique romanesque, et pleines d'imbroglios, et sans grandeur spirituelle : dans la **tragédie « galante »** les personnages s'abandonnaient sans hésitations ni remords à la toute-puissance de l'amour ; la **tragédie lyrique** était un spectacle purement féerique. Même si l'univers de Racine était au fond, avec sa gravité, son sens de la faute et de l'ambiguïté tragique, sans commune mesure avec ce théâtre-là, on peut relever certaines convergences : le goût du pathétique par exemple ou celui du chant ; lorsque Racine écrit *Iphigénie* et *Phèdre* il montre qu'il est frappé par la vogue grandissante de la « tragédie en musique » et qu'il tend lui aussi vers le lyrique !

13. Un millier d'œuvres environ ! Une sélection sévère se fera au XIXe siècle, et le répertoire sera plus exigu encore.

3) **La cabale de *Phèdre*** illustre au mieux cette curieuse aventure qu'était à l'époque la création d'une pièce. Les triomphes successifs de Racine, ses mordantes préfaces, son caractère vindicatif lui avaient valu de nombreux ennemis : les auteurs, rivaux jaloux, leurs partisans zélés, gens du monde férus de théâtre (la cornélienne Sévigné), les critiques mal intentionnés ou tatillons, les compagnies ennemies enfin ; la guerre faisait rage par préfaces, gazettes et œuvres interposées (on se rappelle la compétition de Corneille et de Racine à propos des amours de Titus et de Bérénice). Dès qu'on sut que Racine travaillait à « une tragédie d'Hippolyte », **une coterie littéraire et mondaine** entreprit de la faire échouer en la « doublant », c'est-à-dire en faisant écrire et jouer une autre pièce sur le même sujet (ce qui avait déjà été tenté pour *Iphigénie)* ! Un certain Pradon, médiocre écrivain de théâtre, bâcla une *Phèdre* en trois mois ; il avait derrière lui une faction hostile à Racine, le salon de la duchesse de Bouillon : cette nièce de Mazarin animait avec son frère, le duc de Nevers, et sa sœur, la comtesse de Soissons tout un clan, celui des Mancini, fidèle à l'esprit de la Fronde et qui avait des goûts et des prétentions littéraires, mais nourrissait surtout une solide inimitié à l'égard de la Cour, de Colbert, de Mme de Montespan... et de Racine, poète et courtisan trop comblé. La tragédie de Pradon, jouée en janvier 1677 (malgré les efforts de Racine et de son ami Boileau pour l'étouffer dans l'œuf : à chacun sa cabale !), sur une scène rivale de l'Hôtel de Bourgogne, obtint quelque temps les suffrages du public parisien, qui bouda la *Phèdre* du tout-puissant dramaturge. La « querelle des sonnets » envenima l'affaire : un premier sonnet, anonyme, courut la capitale, attaquant de façon triviale la pièce de Racine ; un second, également anonyme, lui répliqua en s'en prenant à la personne même du duc de Nevers[14]. Un scandale éclata : l'insulté ayant attribué la paternité du poème injurieux à Racine et Boileau, ses amis parlèrent de « couper le nez » aux deux misérables auteurs, lesquels se réfugièrent chez le Grand Condé qui finit par raccommoder les choses. Il n'est pas impossible que cette cabale, qui révélait cruellement l'incompatibilité entre les valeurs mondaines et les valeurs esthétiques en montrant l'infériorité sociale des écrivains par rapport aux « gens de condition », ait été l'une des causes de la retraite de Racine après *Phèdre*. Quoi qu'il en soit, le succès de Pradon fut de courte durée, et la supériorité de Racine vite reconnue par la critique et les connaisseurs : sa pièce paraissait même plus belle que toutes les précédentes et consacrait son triomphe sur tous ses rivaux, y compris Corneille.

UN CURIEUX IMBROGLIO

14. On l'accusait de n'être « ni courtisan, ni guerrier, ni chrétien », de faire de mauvais vers et de trop aimer... l'une de ses sœurs !

Décor de tragédie au XVIIe siècle.

Le procès du théâtre.

Le même siècle qui aima tant le théâtre le condamne par ailleurs sans appel ! Il y a d'abord une grande ambiguïté dans le **statut de la littérature** en général et des **écrivains** en particulier : l'ancien esprit féodal, qui se survit, conduit la noblesse à mépriser toute

CONTRADICTIONS

autre forme de gloire que guerrière, toute autre activité que militaire ; le savoir n'est guère estimé et les gens de lettres ne sont que des amuseurs (la plupart du temps de naissance médiocre). Le siècle avançant, le goût des « honnêtes gens » sera hostile au pédantisme. Cependant une vie mondaine de plus en plus brillante et raffinée, le mécénat royal, l'ascension d'une bourgeoisie cultivée et sérieuse contribuent à la réhabilitation des valeurs esthétiques : les écrivains peuvent avoir une place éminente dans la société. Il n'empêche : écrire est sans doute un passe-temps distingué, mais non un emploi honnête ; pire : composer des pièces de théâtre, et aller en voir, sont des occupations condamnables. La « **querelle du théâtre** » est en effet fort vive ; l'ostracisme dévot prononcé contre cet art et ce divertissement a plusieurs motifs : 1) la liberté, le libertinage des **comédiens,** gens déshonorés par leur profession et excommuniés par l'Église ; 2) l'expressionnisme outrancier et

UN ART CORRUPTEUR

suggestif des **pièces** du début du siècle : farces grossières ou tragi-comédies d'une rare violence (crimes, viols, horreurs de toutes sortes sont mimés sur la scène) ; 3) l'antagonisme irréductible entre le théâtre et les **valeurs religieuses :** Pascal condamnait dans ses *Pensées* la « comédie » comme l'un des divertissements les plus dangereux pour la vie chrétienne ; Bossuet encore, en 1694, dénoncera la corruption du théâtre, qui représente, exalte même, avec quel dangereux pouvoir de fascination, les passions humaines, les dérèglements du cœur et des sens, les comportements immoraux ou amoraux. Bref le théâtre passait pour une école de vice ; c'est ce qui explique l'une des constantes de la doctrine classique (défendue par Corneille, Racine, Molière) : ce théâtre, la littérature, les arts ne doivent pas être seulement des sources de jouissance esthétique, mais aussi et surtout avoir une **utilité morale** (cf. préfaces de *Phèdre* et de *Tartuffe*). Racine en particulier s'élèvera avec violence contre les attaques du clan janséniste, fer de lance, dans le camp dévot, d'un christianisme austère et rigoriste, en allant jusqu'à ridiculiser méchamment ses anciens maîtres dont l'un, Nicole, avait osé écrire : « Un faiseur de romans, et un poète de théâtre, est un empoisonneur public, non des corps, mais des âmes des fidèles, qui doit se regarder coupable d'une infinité d'homicides spirituels. » La querelle, qui brouilla le dramaturge et l'abbaye, fit scandale ; elle révélait les exaspérations et les incompréhensions réciproques au moment où la tragédie et la comédie avaient conquis leurs lettres de noblesse, où le théâtre classique s'affirmait sans conteste comme une tradition savante, un art rigoureux et raffiné.

L'APOLOGIE DU THÉÂTRE

La dramaturgie classique.[15]

Lorsque Racine entreprend de composer des tragédies vers 1660, il hérite d'une tradition et d'un genre qu'un spectateur, ou un lecteur, moderne trouvera étranges s'il ne les replace pas au sein d'une esthétique peu à peu élaborée en France depuis la Renaissance.

1) Au début est la « tragédie » inventée par les Athéniens du Ve siècle[16], illustrée par les œuvres des trois grands, **Eschyle, Sophocle et Euripide :** s'opposant à l'épopée, qui était récit, la tragédie était la représentation d'une action, d'un « drame », sur une scène de théâtre, une **imitation** en quelque sorte de la vie des hommes ; mais ce n'était pas seulement une pantomime, c'était aussi un **texte** d'une haute tenue littéraire, rédigé, comme l'épopée, en vers (et en mètres variés). Poème et drame tout à la fois, la tragédie grecque se présentait comme un **spectacle total,** avec les évolutions rythmées et les chants du chœur, les psalmodies, les récitatifs ou les dialogues des acteurs. Hiératiques, lyriques et dramatiques, les pièces avaient tout pour fasciner les spectateurs. Le

LES INVENTEURS DE LA TRAGÉDIE...

15. C'est le titre de l'ouvrage quasi exhaustif de J. Schérer (*La dramaturgie classique en France*, Nizet, 1976). – **16.** Cf. dans la collection « Intertextes », *Le Tragique*.

véritable sujet en était la condition humaine, avec ses misères et ses grandeurs, son mystère et son ambiguïté tragiques, telle enfin qu'elle se révélait à travers des histoires magnifiques et cruelles, pathétiques et sublimes, dont les héros étaient de grandes figures légendaires et mythiques, en un mot exemplaires. Ainsi donc étaient trouvées d'emblée l'esthétique, grandiose, et l'essence, métaphysique. Le secret ne sera pas perdu : la tragédie latine imitera et adaptera le modèle grec ; la tragédie française classique, humaniste, reprendra et façonnera à son usage les thèmes et les procédés antiques, disposant pour ce faire des pièces de théâtre conservées et d'écrits théoriques anciens comme la *Poétique* du philosophe grec Aristote et l'*Art poétique* du poète latin Horace[17].

... ET LEURS ÉMULES

2) **La tragédie classique** se veut régulière, c'est-à-dire conforme à un certain nombre de règles éprouvées, à une codification dont relèvent aussi bien la forme que le fond ; on peut la considérer de plusieurs points de vue :

a) La **structure externe** des pièces est la suivante : chaque tragédie est composée de **cinq actes,** ce qui lui donne une longueur, une durée raisonnables et supportables (comme l'avait compris Horace qui préconisait ce chiffre), chaque acte occupant environ une demi-heure de la représentation. Ces actes sont séparés par des entractes, nécessaires pour que les spectateurs se détendent, partagent leurs impressions, etc. ; ils sont par ailleurs divisés en **scènes.** Rien dans cette architecture n'est laissé à l'arbitraire et à la fantaisie : le souci classique d'équilibre et d'harmonie tend à égaliser la longueur des actes, et chacun de ceux-ci, dans un souci conjoint de clarté et de cohérence, doit se présenter non comme une division gratuite, mais comme une unité, un **ensemble organique** (auquel on pourrait donner un titre comme feront plus tard les romantiques pour chaque acte de leurs drames) ; le découpage des scènes correspond à l'entrée ou à la sortie d'un personnage, deux actions qui doivent avoir un retentissement sur l'évolution des sentiments, des situations, des comportements, bref de l'intrigue. Chaque scène aussi a son individualité et sa raison d'être. Dans un acte bien construit, des scènes secondaires ou de transition convergent vers les grandes scènes, les sommets pathétiques ou dramatiques (un ou deux par acte) ; le nombre des scènes par acte est variable (de trois au moins à sept ou huit au plus) : les variations dans le nombre et la répartition des scènes (longues ou courtes) sont révélatrices ; plus les scènes sont nombreuses, surtout les

UNE ESTHÉTIQUE RAISONNÉE ET RAISONNABLE

17. On trouvera le texte et la traduction des pièces conservées dans la collection « Guillaume Budé », éd. Les Belles Lettres ; de même pour les écrits théoriques cités.

courtes, plus l'action est vive, la pièce dynamique : la tragédie est celle de l'**action héroïque ;** moins elles le sont, et plus les scènes longues dominent, plus la pièce est statique, lyrique : la tragédie est celle de la déploration passive ou du **chant funèbre ;** à l'intérieur d'une même pièce le dramaturge peut accélérer ou ralentir le cours de l'action grâce au découpage et à la diversité des scènes. L'écriture théâtrale reflète le même parti pris esthétique : la pièce tout entière doit être écrite en **alexandrins** (le mètre le plus noble de la poésie française) ; elle contient de 1 500 à 2 000 vers, groupés en rimes plates, regroupés en ensembles plus vastes, en fonction du sens et du rythme qui lui est accordé : distiques, quatrains, périodes plus amples encore confèrent de la « pompe », de la noblesse,

RHÉTORIQUE ET POÉSIE

mais aussi de l'harmonie, de la musicalité au langage des acteurs ; des procédés savants qui sont aussi bien du domaine de la rhétorique que de la poésie, comme la stichomythie, la sentence, la répétition (de mots ou d'idées), tous les effets rythmiques de l'alexandrin, plus variés qu'on ne le croit d'ordinaire, tout cela donne à l'œuvre une grande **diversité de registres,** du pur dramatique au quasi lyrique, du dialogue aux répliques heurtées ou précipitées aux tirades qui confinent au chant. Certaines formes traditionnelles relèvent à la fois de la structure des scènes et de l'écriture théâtrale, comme le récit, le monologue, qui contribuent aussi à l'aspect cérémonieux du spectacle.

b) La **structure interne** de la pièce, sa conception quant à l'action elle-même, repose sur la nécessité absolue d'une constante **progression dramatique :** de l'**exposition** au **dénouement,** en passant par le **« nœud »,** c'est-à-dire le conflit qui se noue et s'exaspère entre les personnages, la tragédie doit tout consommer et consumer d'implacable façon, sans temps morts : aussi les scènes doivent-elles être liées de façon nécessaire et vraisemblable, les entractes être occupés par une action en coulisse, la fin de chaque acte particulièrement soignée pour maintenir intact l'intérêt du spectateur.

LA TENSION DU DRAME

On connaît la célèbre définition que La Bruyère donne du poème dramatique et tragique : il « vous serre le cœur dès son commencement, vous laisse à peine dans tout son progrès la liberté de respirer et le temps de vous remettre, ou s'il vous donne quelque relâche, c'est pour vous replonger dans de nouveaux abîmes et de nouvelles alarmes. Il vous conduit à la terreur par la pitié, ou réciproquement à la pitié par le terrible, vous mène par les larmes, par les sanglots, par l'incertitude, par l'espérance, par la crainte, par les surprises et par l'horreur jusqu'à la catastrophe ». *(Les Caractères,* I, 51*)*

A cela doivent contribuer de savantes **expositions,** des **obstacles** de toutes sortes, intérieurs ou extérieurs, vrais (des dilemmes) ou faux (des quiproquos), des **péripéties,** des **dénouements** rapides et définitifs. La pièce classique n'est pas une succession de

L'ILLUSION THÉÂTRALE

tableaux, c'est une action, une intrigue. La fameuse **règle des trois unités** a pour fonction de préserver au mieux la nécessaire illusion théâtrale : le spectateur doit croire à la réalité, terrifiante, pitoyable, etc. de ce qu'il voit sur la scène; Boileau la définissait ainsi : « Qu'en un lieu, en un jour, un seul fait accompli/Tienne jusqu'à la fin le théâtre rempli. » (*Art Poétique*, III) : une **action principale,** un « fil », pour la **clarté** de l'histoire, pour qu'il y ait **unité de péril et d'intérêt;** une **durée** relativement **courte,** coïncidant avec le temps de la représentation au mieux, allant jusqu'à vingt-quatre heures au plus, pour que soit sauvegardée la **vraisemblance;** un **lieu unique** (pas de changements de décors) dans le même but. Cette triple exigence allait dans deux directions qui peuvent paraître opposées : l'**imitation** de la vie et sa **stylisation,** mais qui en fait sont complémentaires, le but du spectacle théâtral étant de cristalliser pour ainsi dire la vie humaine dans une forme artistique qui en donne à voir les facettes essentielles [18]. « Un vrai général, idéal, exemplaire... Le réel corrigé par l'idée, tel sera l'objet du théâtre classique » (J. Truchet). Le souci de la vraisemblance, l'imitation de la vie corrigée par les bienséances, c'est-à-dire l'adaptation de l'histoire, de la légende, aux goûts, à l'opinion du public contemporain, une censure autant esthétique que morale, telles sont enfin les autres **constantes** de la tragédie classique, œuvre d'art et peinture de la condition humaine. L'étude plus particulière d'une pièce comme *Phèdre* permettra de préciser tous ces points et révélera les dernières composantes fondamentales : le « charme » des héros, la cruauté de leurs conflits, la violence de leurs passions, la grandeur de leurs souffrances, l'exemplarité en somme de leurs vies et de leurs histoires, qui disent tous les combats douloureux des hommes contre toutes les fatalités, tout ce qu'un art consommé, celui de Racine surtout, parvient à exprimer dans un théâtre qu'on pourrait définir en quelques formules commodes, au seuil de l'œuvre elle-même : théâtre d'intrigue, théâtre d'acteurs, théâtre d'amour, théâtre politique, théâtre d'analyse, théâtre esthétique, psychologique, métaphysique; ou bien encore en trois mots : **« intériorité, action, noblesse »** (J. Truchet) [19].

UNE PIÈCE EXEMPLAIRE

Une histoire fabuleuse et cruelle.

Racine reprend une sombre légende grecque portée à la scène par le grand tragique athénien Euripide, puis le Romain Sénèque, et enfin des auteurs modernes (cf. *Racine et sa Phèdre* de Ch. Dédéyan) qui n'avaient guère fait que l'édulcorer. De grands

18. Cf. *Analyse synthétique.* – **19.** Dont *La tragédie classique en France*, P.U.F., 1975, est l'étude la plus récente sur la question; après celle, tout aussi intéressante, de J. Morel, *La Tragédie*, Colin, 1964.

DES FIGURES DE LÉGENDES...

personnages mythiques[20] : Thésée, le héros fondateur d'Athènes, fils peut-être du dieu Poséidon (Neptune), tueur de monstres, rival ou émule d'Héraclès (Hercule) ; Phèdre, sa jeune épouse, fille du roi de Crète Minos et de Pasiphaé, cette descendante du Soleil qui enfanta le Minotaure ; Hippolyte, le premier fils de Thésée, dont la mère n'était autre qu'Antiope, la reine des Amazones ; et enfin Aricie, que Racine emprunte à Virgile pour en faire l'amante d'Hippolyte, forment une famille maudite, prête à jouer le drame des passions humaines. En l'absence de son époux, dont on finit par annoncer la mort, la reine déclare son amour (incestueux et adultère) à son beau-fils qui la repousse avec d'autant plus d'horreur qu'il aime, quant à lui, Aricie, et ce malgré l'interdiction de Thésée qui massacra jadis les frères de la jeune fille, les Pallantides, pour lui avoir contesté le trône d'Athènes. Le retour inopiné du roi, vivant, exaspère le conflit : Phèdre pour sauver son honneur accuse Hippolyte d'avoir voulu lui faire violence ; le père maudit son fils, interdit, et le voue à la colère vengeresse de Neptune. Hippolyte décide de s'enfuir avec celle qu'il aime, mais un monstre sorti des flots de la mer cause la mort du malheureux. Phèdre s'empoisonne, non sans avoir innocenté son beau-fils. Thésée et Aricie n'ont plus qu'à s'abandonner à la douleur et à leur deuil. D'un bout à l'autre l'amour, la mort, les dieux cruels peut-être, ont conduit le jeu tragique. Une dynastie royale a succombé sous le malheur ; de pauvres êtres ont été victimes de leurs passions : le désir, la jalousie, la haine ou l'aveuglement. L'audace de Racine était grande de choisir pareille **histoire de sang et de volupté,** de revenir à la violence des données antiques (l'inceste, l'adultère, le parricide, l'innocence vouée à une mort horrible). **Deux figures,** inoubliables, ne vont plus cesser de fasciner les spectateurs, celle d'**Hippolyte,** le héros « dompteur de chevaux » (telle est la signification du nom en grec), dompté par l'amour et persécuté jusqu'à ce que mort s'ensuive, et celle de **Phèdre,** que Valéry appelait la « reine incandescente » (aussi bien est-elle, en grec encore, « la brillante »), et une femme jeune et belle qui mourut d'aimer sans retour. La pièce, dans ses fastes poétiques et sa violence paroxystique, rayonne assurément d'un noir éclat.

... DU SANG...

... ET DES LARMES

20. On lira l'histoire de ces personnages dans le *Dictionnaire de la mythologie* de Pierre Grimal (P.U.F., 1976) ; on consultera aussi le tableau généalogique, p. 33 ; d'autres notes enfin dans le cours du texte éclairciront les nombreuses références à la « fable ».

Préface (1677)

Voici encore une tragédie dont le sujet est pris d'Euripide. Quoique j'aie suivi une route un peu différente de celle de cet auteur pour la conduite de l'action, je n'ai pas laissé d'enrichir ma pièce de tout ce qui m'a paru le plus éclatant dans la sienne. Quand je ne lui devrais que la seule idée du caractère de Phèdre, je pourrais dire que je lui dois ce que j'ai peut-être mis de plus raisonnable sur le théâtre. Je ne suis point étonné que ce caractère ait eu un succès[1] si heureux du temps d'Euripide, et qu'il ait encore si bien réussi dans notre siècle, puisqu'il a toutes les qualités qu'Aristote[2] demande dans le héros de la tragédie, et qui sont propres à exciter la compassion et la terreur. En effet, Phèdre n'est ni tout à fait coupable, ni tout à fait innocente. Elle est engagée, par sa destinée et par la colère des dieux, dans une passion illégitime, dont elle a horreur toute la première. Elle fait tous ses efforts pour la surmonter. Elle aime mieux se laisser mourir que de la déclarer à personne, et lorsqu'elle est forcée de la découvrir, elle en parle avec une confusion qui fait bien voir que son crime est plutôt une punition des dieux qu'un mouvement de sa volonté.

J'ai même pris soin de la rendre un peu moins odieuse qu'elle n'est dans les tragédies des Anciens, où elle se résout d'elle-même à accuser Hippolyte. J'ai cru que la calomnie avait quelque chose de trop bas et de trop noir pour la mettre dans la bouche d'une princesse qui a d'ailleurs des sentiments si nobles et si vertueux. Cette bassesse m'a paru plus convenable à une nourrice, qui pouvait avoir des inclinations plus serviles, et qui néanmoins n'entreprend cette fausse accusation que pour sauver la vie et l'honneur de sa maîtresse. Phèdre n'y donne les mains que parce qu'elle est dans une agitation d'esprit qui la met hors d'elle-même, et elle vient un moment après dans le dessein de justifier l'innocence et de déclarer la vérité.

Hippolyte est accusé, dans Euripide et dans Sénèque, d'avoir en effet violé sa belle-mère : vim corpus tulit[3]. Mais il n'est ici accusé que d'en avoir eu le dessein. J'ai voulu épargner à Thésée une confusion qui l'aurait pu rendre moins agréable aux spectateurs.

Pour ce qui est du personnage d'Hippolyte, j'avais remarqué dans les Anciens qu'on reprochait à Euripide de l'avoir représenté comme un philosophe exempt de toute imperfection; ce qui faisait que la mort de ce jeune prince causait beaucoup plus d'indignation que de pitié. J'ai cru

1. Issue d'une affaire; se dit au XVIIe siècle en bonne et mauvaise part. – **2.** Philosophe grec, disciple de Platon et précepteur d'Alexandre le Grand. – **3.** « Mon corps a subi sa violence », Sénèque, *Phèdre*, v. 892.

lui devoir donner quelque faiblesse qui le rendrait un peu coupable envers son père, sans pourtant lui rien ôter de cette grandeur d'âme avec laquelle il épargne l'honneur de Phèdre, et se laisse opprimer sans l'accuser. J'appelle faiblesse la passion qu'il ressent malgré lui pour Aricie, qui est la fille et la sœur des ennemis mortels de son père.

Cette Aricie n'est point un personnage de mon invention. Virgile dit qu'Hippolyte l'épousa, et en eut un fils, après qu'Esculape[4] l'eut ressuscité. Et j'ai lu encore dans quelques auteurs qu'Hippolyte avait épousé et emmené en Italie une jeune Athénienne de grande naissance, qui s'appelait Aricie, et qui avait donné son nom à une petite ville d'Italie.

Je rapporte ces autorités, parce que je me suis très scrupuleusement attaché à suivre la fable. J'ai même suivi l'histoire de Thésée telle qu'elle est dans Plutarque[5].

C'est dans cet historien que j'ai trouvé que ce qui avait donné occasion de croire que Thésée fût descendu dans les enfers pour enlever Proserpine, était un voyage que ce prince avait fait en Épire vers la source de l'Achéron, chez un roi dont Pirithoüs voulait enlever la femme, et qui arrêta Thésée prisonnier, après avoir fait mourir Pirithoüs[6]. Ainsi j'ai tâché de conserver la vraisemblance de l'histoire, sans rien perdre des ornements de la fable, qui fournit extrêmement à la poésie ; et le bruit de la mort de Thésée, fondé sur ce voyage fabuleux, donne lieu à Phèdre de faire une déclaration d'amour qui devient une des principales causes de son malheur, et qu'elle n'aurait jamais osé faire tant qu'elle aurait cru que son mari était vivant.

Au reste, je n'ose encore assurer que cette pièce soit en effet[7] la meilleure de mes tragédies. Je laisse aux lecteurs et au temps à décider de son véritable prix. Ce que je puis assurer, c'est que je n'en ai point fait où la vertu soit plus mise au jour[8] que dans celle-ci. Les moindres fautes y sont sévèrement punies ; la seule pensée du crime y est regardée avec autant d'horreur que le crime même ; les faiblesses de l'amour y passent pour de vraies faiblesses ; les passions n'y sont représentées aux yeux que pour montrer tout le désordre dont elles sont cause ; et le vice y est peint partout avec des couleurs qui en font connaître et haïr la difformité. C'est là proprement le but que tout homme qui travaille pour le public doit se proposer, et c'est ce que les premiers poètes tragiques avaient en vue sur[9] toute chose. Leur théâtre était une école où la vertu n'était pas moins bien ensei-

4. Le héros et le dieu de la médecine pour les Romains (Asclépios pour les Grecs). – **5.** Biographe et moraliste grec de l'Antiquité. – **6.** Cf. Acte III, sc. 5, v. 957-970. – **7.** Effectivement. – **8.** Mise en lumière. – **9.** Par-dessus, avant...

gnée que dans les écoles des philosophes. Aussi Aristote a bien voulu donner les règles du poème dramatique, et Socrate, le plus sage des philosophes, ne dédaignait pas de mettre la main aux tragédies d'Euripide. Il serait à souhaiter que nos ouvrages fussent aussi solides et pleins d'instructions que ceux des poètes. Ce serait peut-être un moyen de réconcilier la tragédie avec quantité de personnes célèbres par leur piété et par leur doctrine[10], qui l'ont condamnée dans ces derniers temps, et qui en jugeraient sans doute plus favorablement si les auteurs songeaient autant à instruire leurs spectateurs qu'à les divertir, et s'ils suivaient en cela la véritable intention de la tragédie.

---

10. Science, savoir.

Guide d'analyse

Imitation des Anciens, **adaptation** cependant de l'ancienne légende et des pièces antiques pour les mettre en conformité avec la vraisemblance et les bienséances, autrement dit les idées, les mœurs, les goûts des spectateurs du temps, **moralisation** enfin, puisque la tragédie doit instaurer le procès des passions humaines, tels sont les points forts de cette préface qui se veut, au-delà de toute polémique, réflexion de l'écrivain sur son art et sur la doctrine classique.

1. *Lisez les préfaces de Racine et essayez de dégager d'après celles-ci les grands traits de sa* ***dramaturgie,*** *ainsi que la conception qu'il se fait, à la suite des Anciens, du* ***héros tragique.***

2. ***Intertextualité.*** *Vous pourrez comparer les préfaces de Racine aux* Trois discours sur le poème dramatique *de Corneille (éd. L. Forestier, C.D.U.-SÉDÈS, 1982).*

3. ***Documentation.*** *Voici la définition de la tragédie donnée par Aristote dans sa* Poétique *(vers 334 av. J.-C.) : « La tragédie est l'imitation d'une action de caractère élevé et complète, d'une certaine étendue, dans un langage relevé d'assaisonnements d'une espèce particulière suivant les diverses parties, imitation qui est faite par des personnages en action et non au moyen d'un récit, et qui, suscitant pitié et crainte, opère la purgation propre à de pareilles émotions. » (Trad. J. Hardy, Les Belles Lettres) ; passage adapté par un théoricien du XVIIe siècle en ces termes : « Disons avec Aristote accommodé à notre usage que c'est la représentation sérieuse et magnifique de quelque action funeste, complète, de grande importance et de raisonnable grandeur, non pas par le simple discours, mais par l'imitation réelle des malheurs et des souffrances, qui produit par elle-même la terreur et la pitié, et qui sert à modérer ces deux mouvements de l'âme. » (La Mesnardière,* La Poétique, *1639.) A propos du héros tragique, Racine a paraphrasé ainsi la définition d'Aristote : « Il faut donc que ce soit un homme qui soit entre les deux, c'est-à-dire qui ne soit point extrêmement juste et vertueux, et qui ne mérite point aussi son malheur par un excès de méchanceté et d'injustice ; mais il faut que ce soit un homme qui, par sa faute, devienne malheureux, et tombe d'une grande félicité et d'un rang très considérable dans une grande misère. »* (Œuvres complètes, *La Pléiade*)

La Grèce légendaire et héroïque

PHÈDRE, *tragédie*[1]

PERSONNAGES

THÉSÉE, fils d'Égée, roi d'Athènes.
PHÈDRE, femme de Thésée, fille de Minos et de Pasiphaé.
HIPPOLYTE, fils de Thésée et d'Antiope, reine des Amazones.
ARICIE, princesse du sang royal d'Athènes.
ŒNONE, nourrice et confidente de Phèdre.
THÉRAMÈNE, gouverneur d'Hippolyte.
ISMÈNE, confidente d'Aricie.
PANOPE, femme de la suite de Phèdre.
Gardes.

La scène est à Trézène, ville du Péloponnèse.

1. A la création de la pièce, en 1677, le titre de la pièce était *Phèdre et Hippolyte*; en 1687, Racine ne retint plus que le seul nom de *Phèdre*.

Guide d'analyse

Les protagonistes peuvent être considérés sous plusieurs angles ; parce que le théâtre classique est un théâtre d'acteurs, parce que le mot « acteur » signifie à l'époque tout aussi bien « comédien » que « personnage », parce que le dramaturge crée ses personnages en pensant aux artistes qui les incarneront, et qu'enfin il peut (c'est le cas de Racine) se faire metteur en scène et donner de minutieuses directives aux interprètes sur leur jeu, ces protagonistes sont :

a) **des « emplois »,** avec leurs caractéristiques générales et traditionnelles : pouvoir, majesté pour le roi (Thésée) ou la reine (Phèdre), jeunesse, beauté pour l'amoureux (Hippolyte) ou l'amoureuse (Aricie) ;

b) **des personnages,** avec leurs traits spécifiques : ce sont ici des héros de la légende antique, dont les noms prestigieux font rêver, venus de la Grèce mythique et héroïque d'avant même la guerre de Troie ;

c) **des « rôles » :** d'illustres tragédiennes triomphèrent dans celui de Phèdre (comme Rachel ou Sarah Bernhardt) ; c'est la Champmeslé qui le créa : son jeu, guidé par Racine, était marqué d'un pathétique sans emphase, propre à faire couler les larmes ; « et le rôle de Phèdre, situé dans cette perspective, à la suite de celui de Monime et de celui d'Iphigénie, prend un visage plus pitoyable qu'on ne l'imagine d'ordinaire, plus juvénile peut-être et moins violent... » (A. Niderst).

Les confidents ont des emplois secondaires mais nécessaires : ils sont là pour écouter, donner la réplique, poser quelque question, apporter une nouvelle, avertir ou consoler, etc. ; ils appartiennent à une humanité plus familière, quant au rang ou aux façons de penser et d'agir ; ils peuvent servir de faire-valoir aux héros ; ils tiennent leur place, suite obligée des princes et des rois, dans la cérémonie dramatique. Il est remarquable cependant que Racine ait conféré à deux d'entre eux, Œnone et Théramène, un statut privilégié, celui de *« nourrice »* et celui de *« gouverneur » :* leur intimité avec les protagonistes n'en sera que plus étroite, et plus lourde de conséquences ; ils seront, eux aussi, des personnages tragiques.

Phèdre et Hippolyte : ce serait une erreur d'imaginer l'héroïne sous les traits d'une femme sensiblement plus âgée qu'Hippolyte (erreur imputable au fait que ce rôle, l'un des plus difficiles du théâtre français, est trop souvent joué par des actrices chevronnées, mûres !). Phèdre est jeune encore, pour deux raisons aux moins :
a) c'est la dernière épouse de Thésée, une vierge donnée en mariage à un homme qui a beaucoup vécu déjà, et, si elle est mère, ses enfants sont d'un âge tendre ;
b) les bienséances du XVIIe siècle n'auraient pas permis que l'on montrât sur la scène l'amour d'une femme vieillissante pour un tout jeune homme.

1. *Que peut signifier à votre avis* **le changement de titre,** *voulu par l'auteur lui-même, de la pièce ? Comparez de ce point de vue les tragédies d'Euripide et de Sénèque avec celle de Racine.*

2. *Étudiez la fréquence et la répartition des* **scènes** *réservées dans* Phèdre : a) *à l'héroïne ;* b) *à Hippolyte ;* c) *à Thésée. Qu'en conclure ? Pour ce qui est de Phèdre elle-même, mettez en parallèle la pièce d'Euripide et celle de Racine : quelle sensible différence remarque-t-on ?*

3. *Cherchez dans l'œuvre tous les vers ou toutes les expressions qui sont autant d'allusions au* **décor :** *quelle impression domine ? Comparez le lieu de* Phèdre *avec celui des autres tragédies de Racine : points communs et différences ?*

4. *Le philosophe grec Aristote estimait que les personnages de la tragédie devaient être unis entre eux par les liens du sang, et cette* **consanguinité** *lui paraissait propre à fournir de beaux spectacles tragiques : pourquoi selon vous ?*

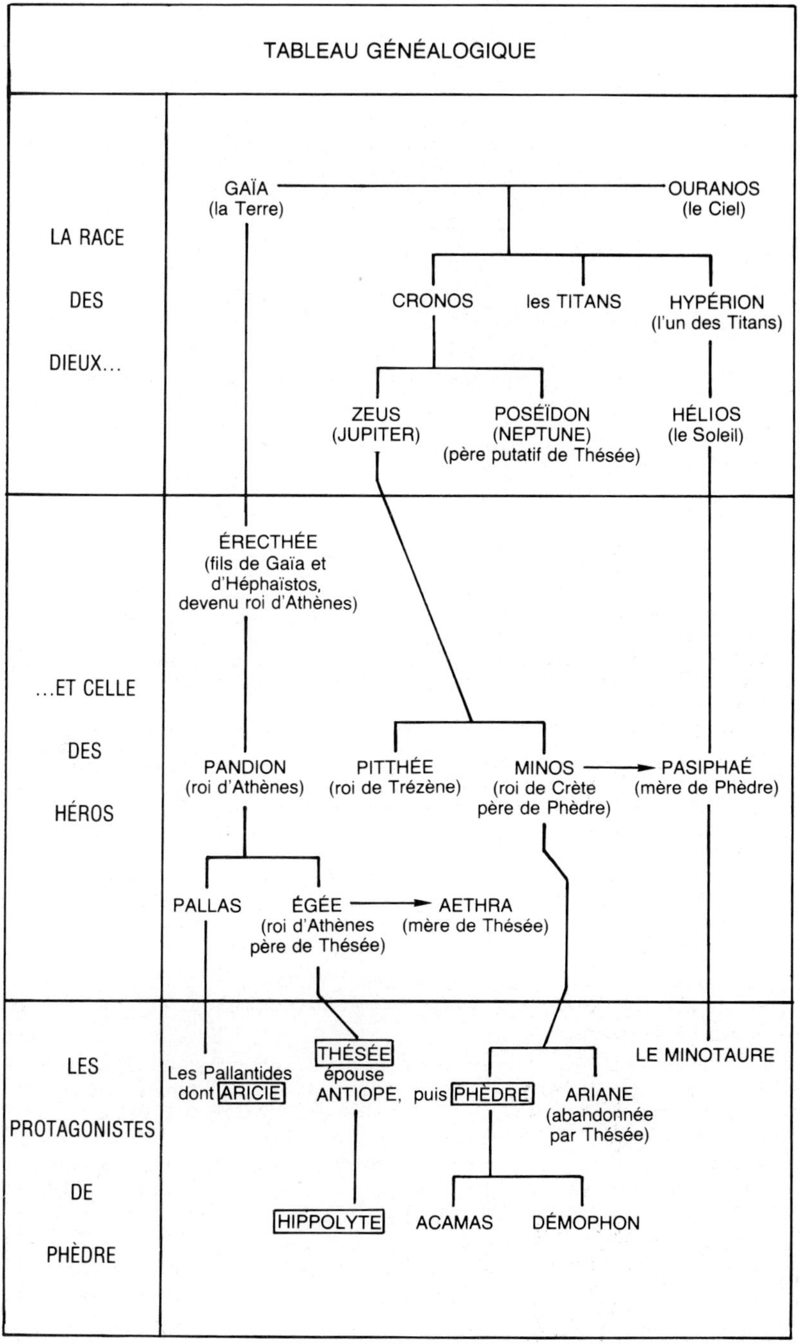
TABLEAU GÉNÉALOGIQUE
LA RACE DES DIEUX...
GAÏA (la Terre)
OURANOS (le Ciel)
CRONOS
les TITANS
HYPÉRION (l'un des Titans)
ZEUS (JUPITER)
POSÉÏDON (NEPTUNE) (père putatif de Thésée)
HÉLIOS (le Soleil)
...ET CELLE DES HÉROS
ÉRECTHÉE (fils de Gaïa et d'Héphaïstos, devenu roi d'Athènes)
PANDION (roi d'Athènes)
PITTHÉE (roi de Trézène)
MINOS (roi de Crète père de Phèdre)
PASIPHAÉ (mère de Phèdre)
PALLAS
ÉGÉE (roi d'Athènes père de Thésée)
AETHRA (mère de Thésée)
LES PROTAGONISTES DE PHÈDRE
Les Pallantides dont ARICIE
THÉSÉE épouse ANTIOPE, puis PHÈDRE
ARIANE (abandonnée par Thésée)
LE MINOTAURE
HIPPOLYTE
ACAMAS
DÉMOPHON

THEATRE DE LA
RENAISSANCE
Jeudi 11 Mars 1897, à 2 heures
MATINÉE EXTRAORDINAIRE
Donnée par
Mme SARAH-BERNHARDT
AU BÉNÉFICE DES
VICTIMES CHRÉTIENNES DE CRÊTE
PHÈDRE
Tragédie en 5 Actes de Racine
Mme SARAH-BERNHARDT
PHÈDRE
MM.
A. DARMONT . . . . . Hippolyte
BELLE . . . . . . Thèse
RIPERT . . . . . . Théramène
GUIRAUD . . . . . . Panope
Mmes
MELLOT . . . . . . Aricie
Marie GRANDET . . Œnone
SEYLOR . . . . . . Ismène
DESVERGER . . . . Une jeune fille
Poëme de M. EDMOND HARAUCOURT
Poëme de M. EDMOND ROSTAND
Récités par les Auteurs
Mucha

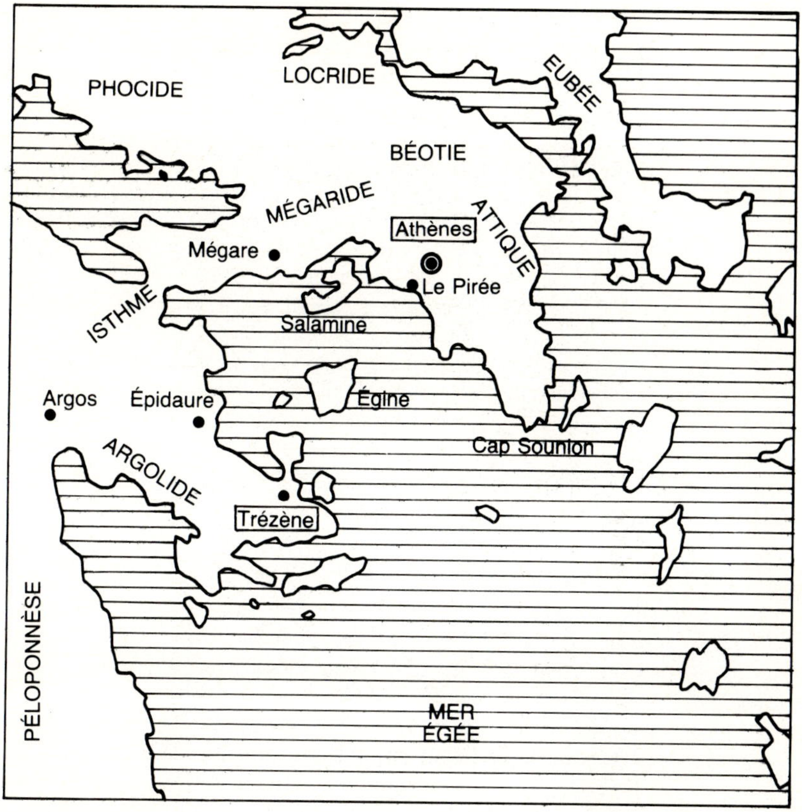

LA GRÈCE ANTIQUE

ACTE I : DEUX AMOURS, DEUX CONFIDENCES COUPABLES

L'acte de l'exposition.

C'est « le premier moment du poème dramatique » (R. Bray) : sa fonction est de présenter les personnages au spectateur et de donner à celui-ci tous les renseignements indispensables à une bonne compréhension du déroulement de l'intrigue. Plusieurs dangers guettent ce début de la pièce, comme d'être trop lent, trop statique, de n'être qu'une pesante narration ou un exposé maladroit, ou bien encore d'être trop peu vraisemblable ou naturel : quel artifice quand un personnage monologue sur scène ou raconte à quelqu'un d'autre toutes sortes d'événements que ce dernier ne peut manquer de connaître ! Le paradoxe au fond est que l'exposition d'une pièce de théâtre doit être à la fois antérieure à l'action et déjà une action, autrement dit qu'elle ne doit pas avoir l'air d'être une exposition !

Ses qualités essentielles sont, selon les termes d'un critique du temps, d'être « entière, courte, claire, intéressante et vraisemblable ». Racine accède sans peine à cet idéal et crée d'emblée la tension dramatique nécessaire. Trois scènes lui suffisent à rassembler la plupart des éléments de l'intrigue, et elles sont déjà faites d'action et de passion ; dès la scène IV une péripétie met définitivement et irrémédiablement en marche « la machine infernale » (J. Cocteau) de la tragédie.

Les amours interdites.

Deux grandes scènes parallèles (I et III) présentent les deux protagonistes et révèlent que chacun d'eux nourrit une coupable passion en son cœur. Chaque acte d'une tragédie classique contient un ou deux sommets (des « clous » en jargon de théâtre) ; si l'on considère la pièce de *Phèdre* comme une œuvre monodique, le personnage de l'héroïne effaçant quelque peu – pour certains – les autres personnages, la scène I, qui présente d'abord Hippolyte vaincu par l'amour, prélude en mineur à la scène III qui montre Phèdre foudroyée par le désir. Il n'y a pas seulement parallélisme ou simultanéité – ce qui serait contraire à la règle de l'unité d'action – mais bien une « histoire à deux fils » entrelacés, et donc **unification de l'action :** selon la fameuse chaîne des amours non partagées, chère à Racine, Phèdre aime Hippolyte qui aime Aricie.

C'est une erreur sans doute de croire qu'un fil (les amours d'Hippolyte) est secondaire et subordonné à un fil principal (les amours de Phèdre) car les spectateurs de l'époque devaient éprouver un égal intérêt pour l'un et l'autre des protagonistes. On peut tout au plus remarquer l'habileté de Racine qui fait paraître Hippolyte en premier : la situation et l'état de Phèdre seront d'autant plus pathétiques que le spectateur saura en la voyant et en l'écoutant que son amour n'est pas partagé. Voilà donc que le héros aime la seule femme qu'il lui soit interdit par son père d'aimer, et que l'héroïne, quant à elle, brûle d'amour pour son propre beau-fils, ce que les lois religieuses, morales, en un mot sociales, réprouvent sans appel. La tragédie n'est pas cependant déploration passive ou triste élégie.

« Une dramaturgie dynamisée » (J. Schérer).

Tout dans cet acte est action dramatique, pour différentes raisons :

1) L'intrigue d'une pièce classique oppose des **obstacles** aux volontés et aux désirs des héros : le conflit qui en résulte constitue ce qu'on apelle le **« nœud » :** sans obstacle, pas de nœud et pas de pièce. Or le traitement de l'obstacle est chez Racine d'une complexité et d'une efficacité remarquables.

2) Phèdre et Hippolyte voient se dresser devant leur amour deux sortes d'obstacles .

a) l'un est **extérieur :** il s'incarne dans la personne de Thésée, roi, époux et père, le plus puissant représentant de cette société qui condamne leur passion (qu'il s'agisse de la cité d'Athènes gouvernée par un homme qui a évincé ses rivaux, les Pallantides, dont Aricie est la sœur, ou du groupe social régi par des lois supérieures et intangibles, farouchement hostiles à l'adultère et à l'inceste);

b) l'autre est **intérieur :** Hippolyte s'est voué à la pureté d'âme et de corps et méprise l'amour; Phèdre, lucide et vertueuse, lutte contre son désir; chacun d'eux a honte et souffre parce qu'il reconnaît la légitimité de l'obstacle extérieur, qui devient, intériorisé, la « vertu » ou la « gloire » du héros, et parce qu'il est déchiré par une double postulation, impossible à satisfaire dans aucun de ses aspects contradictoires, le dilemme constitutif du personnage tragique (et qui n'est pas uniquement cornélien!).

Incapables de choisir, Phèdre et Hippolyte ont décidé, la première de mourir, le second de s'enfuir, mais la tragédie est rendue possible parce qu'ils vont s'engager partiellement dans l'une des deux voies, celle de l'espoir et de l'amour.

3) Chacun d'eux en effet confie sa passion à un autre être, et c'est déjà un **acte dramatique** non seulement parce que le confident va prendre la défense du désir, de la vie, mais aussi et surtout parce que c'est dire la passion et du même coup la faire monter au jour, lui donner forme et existence, la connaître et la reconnaître, l'accepter.

4) Une péripétie intervient dès la fin de l'acte pour précipiter le cours dangereux des choses : on annonce la mort de Thésée, qui lève l'obstacle extérieur (ou jugé comme tel) : Phèdre, veuve et libre, croit pouvoir aimer; qui ne voit à ce moment-là que surgit devant elle un autre obstacle, l'indifférence de l'être aimé? Quant à Hippolyte, le spectateur connaîtra ses réactions dans l'acte suivant. Presque tout est en place pour la tragédie.

Ariane et Thésée. A gauche, le labyrinthe et le combat de Thésée contre le Minotaure.

Scène première

HIPPOLYTE, THÉRAMÈNE

HIPPOLYTE. – Le dessein[1] en est pris : je pars, cher Théramène,
Et quitte le séjour de l'aimable[2] Trézène.
Dans le doute mortel dont je suis agité,
Je commence à rougir[3] de mon oisiveté.
Depuis plus de six mois éloigné de mon père,
J'ignore le destin d'une tête[4] si chère ;
J'ignore jusqu'aux lieux qui le[5] peuvent cacher.

THÉRAMÈNE. – Et dans quels lieux, Seigneur, l'allez-vous donc [chercher ?
Déjà pour satisfaire à votre juste crainte,
J'ai couru les deux mers que sépare Corinthe ;
J'ai demandé Thésée aux peuples de ces bords
Où l'on voit l'Achéron se perdre chez les morts ;
J'ai visité l'Élide, et laissant le Ténare,
Passé jusqu'à la mer qui vit tomber Icare*.
Sur quel espoir nouveau, dans quels heureux climats

1. Résolution, décision. – **2.** Qui est digne d'être aimé ou de plaire ; agréable, riant, en parlant d'un lieu. – **3.** Avoir honte. – **4.** Se dit aussi pour toute la personne. – **5.** La langue du XVIIe siècle place le pronom personnel complément en tête du groupe verbal quand le verbe principal est suivi d'un infinitif ; cf. aussi v. 8, etc.

Croyez-vous découvrir la trace de ses pas?
Qui sait même, qui sait si le roi votre père
Veut que de son absence on sache le mystère?
Et si, lorsqu'avec vous nous tremblons pour ses jours,
Tranquille, et nous cachant de nouvelles[6] amours
Ce héros n'attend point qu'une amante abusée[7]...

HIPPOLYTE. – Cher Théramène, arrête, et respecte Thésée.
De ses jeunes erreurs désormais revenu*,
Par un indigne obstacle il n'est point retenu;
Et fixant de ses vœux[8] l'inconstance fatale,
Phèdre depuis longtemps ne craint plus de rivale.
Enfin en le cherchant je suivrai mon devoir,
Et je fuirai ces lieux que je n'ose plus voir.

THÉRAMÈNE. – Hé! depuis quand, Seigneur, craignez-vous la présence
De ces paisibles lieux si chers à votre enfance,
Et dont je vous ai vu préférer le séjour
Au tumulte pompeux d'Athène[9] et de la cour*?
Quel péril, ou plutôt quel chagrin vous en chasse?

HIPPOLYTE. – Cet heureux temps n'est plus. Tout a changé de face
Depuis que sur ces bords les dieux ont envoyé
La fille de Minos et de Pasiphaé.

---

6. Le nom « amour » est masculin ou féminin; au XVIIe siècle, l'usage hésite, mais au pluriel le mot est toujours féminin. – **7.** Trompée. – **8.** Désirs amoureux, passions. – **9.** Au lieu d'« Athènes » : licence poétique.

* **v. 14.** Théramène a d'abord parcouru la mer Égée et la mer Ionienne de part et d'autre de l'isthme de Corinthe, puis il est remonté au nord jusqu'en Épire (un fleuve, l'Achéron, qui y prenait sa source et s'y perdait dans une faille profonde, passait pour être ce fleuve des Enfers que les âmes devaient traverser avant de pénétrer dans l'empire des morts); ensuite il est redescendu en Élide, sur la côte occidentale du Péloponnèse, et, passant le promontoire dominé par le mont Ténare, est allé jusque dans la mer Icarienne, au large de l'Asie Mineure (on sait que l'architecte Dédale et son jeune fils Icare, enfermés par le roi Minos dans le Labyrinthe, s'en évadèrent en volant dans les airs, grâce à des ailes fixées avec de la cire sur leurs épaules; l'imprudent Icare se rapprocha par trop du soleil, la cire se mit à fondre, et le jeune homme tomba dans la mer qui depuis lors porta son nom).
* **v. 23.** Thésée fut un véritable... don Juan! Ses amours diverses eurent pour objet Ariane, la sœur de Phèdre, l'Amazone Antiopé, la jeune Hélène (qu'il enleva avant Pâris!), etc.
* **Variantes – v. 32** : *« Au tumulte pompeux d'Athènes, de la cour »* (éd. 1677); la correction de 1697 est justifiée par le souci d'euphonie; **v. 43** : *« Et d'ailleurs quel péril vous peut faire courir »* (éd. 1677); le pluriel est plus expressif et... inquiétant pour le spectateur averti ou intrigué!

THÉRAMÈNE. – J'entends[10]. De vos douleurs la cause m'est connue.
Phèdre ici vous chagrine[11] et blesse votre vue.
Dangereuse marâtre[12], à peine elle vous vit,
Que votre exil d'abord[13] signala son crédit[14].
Mais sa haine sur vous autrefois attachée,
Ou s'est évanouie, ou s'est bien relâchée.
Et d'ailleurs quels périls vous peut faire courir*
Une femme mourante, et qui cherche à mourir ?
Phèdre, atteinte d'un mal qu'elle s'obstine à taire,
Lasse enfin d'elle-même et du jour qui l'éclaire,
Peut-elle contre vous former quelques desseins ?

HIPPOLYTE. – Sa vaine inimitié[15] n'est pas ce que je crains.
Hippolyte en partant fuit une autre ennemie :
Je fuis, je l'avouerai, cette jeune Aricie,
Reste d'un sang[16] fatal conjuré contre nous.

THÉRAMÈNE. – Quoi ? vous-même, Seigneur, la persécutez-vous ?
Jamais l'aimable sœur des cruels Pallantides*
Trempa-t-elle aux complots de ses frères perfides ?
Et devez-vous haïr ses innocents appas[17] ?

HIPPOLYTE. – Si je la haïssais, je ne la fuirais pas.

THÉRAMÈNE. – Seigneur, m'est-il permis d'expliquer votre fuite ?
Pourriez-vous n'être plus ce superbe[18] Hippolyte
Implacable ennemi des amoureuses lois,
Et d'un joug que Thésée a subi tant de fois ?
Vénus*, par votre orgueil si longtemps méprisée,
Voudrait-elle à la fin justifier Thésée ?
Et vous mettant au rang du reste des mortels,
Vous a-t-elle forcé d'encenser ses autels ?
Aimeriez-vous, Seigneur ?

HIPPOLYTE. – Ami, qu'oses-tu dire ?
Toi qui connais mon cœur depuis que je respire,
Des sentiments d'un cœur si fier[19], si dédaigneux,

---

10. Je comprends. – **11.** Donner du mécontentement ; le « chagrin » (v. 33), c'est la mauvaise humeur, l'irritation. – **12.** Belle-mère : le mot n'est pas forcément péjoratif à l'époque. – **13.** Aussitôt. – **14.** La faveur dont elle jouit auprès de son époux, son influence sur Thésée. – **15.** Sa haine inutile, inefficace. – **16.** Famille, « race », « maison » (comme on dit au XVIIe siècle). – **17.** Charmes, attraits physiques (orth. réservée au sens figuré ; au sens propre nous écrivons « appâts »). – **18.** Orgueilleux, farouche, rebelle. – **19.** Farouche, implacable.

Peux-tu me demander le désaveu honteux?
C'est peu qu'avec son lait une mère amazone*
M'a fait sucer encor[20] cet orgueil qui t'étonne[21].
Dans un âge plus mûr moi-même parvenu,
Je me suis applaudi quand je me suis connu[22].
Attaché près de moi par un zèle sincère,
Tu me contais alors l'histoire de mon père.
Tu sais combien mon âme, attentive à ta voix,
S'échauffait au récit de ses nobles exploits,
Quand tu me dépeignais ce héros intrépide
Consolant les mortels de l'absence d'Alcide*,
Les monstres étouffés et les brigands punis,
Procuste, Cercyon, et Scirron, et Sinnis,
Et les os dispersés du géant d'Épidaure,
Et la Crète fumant du sang du Minotaure*.

20. Licence poétique. – **21.** Stupéfie (sens plus fort qu'aujourd'hui). – **22.** Quand j'ai pris conscience de ce que j'étais (superbe, fier, etc.).

*** v. 53.** Les **Pallantides** étaient les cinquante fils (Racine en réduit le nombre à six : cf. v. 424) de Pallas, frère d'Égée. Ayant cru longtemps que leur oncle n'avait pas d'enfants (puisque Thésée était né et avait été élevé loin d'Athènes), ils contestèrent la légitimité du héros lorsque celui-ci vint se faire reconnaître par son père. Les Athéniens ayant passé outre, à la mort d'Égée, et Thésée ayant été choisi comme roi, ils finirent par entrer en guerre ouverte contre leur cousin. Mais ils furent massacrés par ce dernier. Racine leur invente une sœur, Aricie.
*** v. 61. Vénus** (Aphrodite) est la déesse de l'amour : comme telle elle préside à l'ordre du monde, incarne en quelque sorte la grande loi de la nature, et aucun être ne peut échapper à son pouvoir sans encourir sa colère et sa malédiction ; nombreuses sont les légendes (dont celle d'Hippolyte) qui ont pour sujet les châtiments qu'elle inflige aux mortels qui osent la braver.
*** v. 69.** Lorsque Héraclès dut affronter les belliqueuses Amazones, Thésée l'accompagnait : il en profita pour enlever l'une d'elles, du nom d'Antiopé, dont il eut un fils, Hippolyte. Une autre tradition faisait de la propre reine des Amazones, Hippolyté, la mère du jeune homme.
*** v. 78. Alcide** (Héraclès ou Hercule) est pour ainsi dire le symétrique dorien du héros de l'Attique, Thésée. Il est surtout connu pour ses « douze Travaux », dont ses victoires sur des monstres comme le lion de Némée, l'Hydre de Lerne, le sanglier d'Érymanthe, etc.
*** v. 82.** Énumération des exploits de Thésée. Les voyageurs de l'époque faisaient de singulières rencontres dans l'isthme de Corinthe : **Procuste** les forçait à s'étendre sur un petit lit s'ils étaient grands, et coupait ce qui dépassait, sur un grand lit s'ils étaient petits, et étirait alors violemment les corps pour les mettre à la bonne mesure ! **Cercyon** les provoquait plus simplement à la lutte et finissait par les tuer. **Scirron** les précipitait dans la mer. Quant à **Sinnis,** sa force prodigieuse lui permettait de courber deux pins auxquels il attachait ses victimes : celles-ci étaient mises en pièces lorsque les deux arbres, libérés, se redressaient ! Le **géant d'Épidaure** assommait les passants à coups de massue. Le **Minotaure** enfin, cet être monstrueux qui avait le corps d'un homme et la tête d'un taureau (fruit des amours dénaturées de Pasiphaé), attendait, au centre du Labyrinthe, les victimes humaines qu'on lui livrait en pâture.

Mais quand tu récitais[23] des faits moins glorieux,
Sa foi[24] partout offerte et reçue en cent lieux,
Hélène à ses parents dans Sparte dérobée,
Salamine témoin des pleurs de Péribée*,
Tant d'autres, dont les noms lui sont même échappés,
Trop crédules esprits que sa flamme a trompés;
Ariane aux rochers contant ses injustices[25]*,
Phèdre enlevée enfin sous de meilleurs auspices[26];
Tu sais comme à regret écoutant ce discours,
Je te pressais souvent d'en abréger le cours,
Heureux si j'avais pu ravir[27] à la mémoire[28]
Cette indigne moitié d'une si belle histoire!
Et moi-même, à mon tour je me verrais lié?
Et les dieux jusque-là[29] m'auraient humilié?
Dans mes lâches soupirs[30] d'autant plus méprisable,
Qu'un long amas d'honneurs rend Thésée excusable,
Qu'aucuns[31] monstres par moi domptés
[jusqu'aujourd'hui,
Ne m'ont acquis le droit de faillir comme lui.
Quand même ma fierté pourrait s'être adoucie,
Aurais-je pour vainqueur dû choisir Aricie?
Ne souviendrait-il plus à mes sens égarés
De l'obstacle éternel qui nous a séparés?
Mon père la réprouve[32], et par des lois sévères,
Il défend de donner des neveux à ses frères :
D'une tige coupable il craint un rejeton;
Il veut avec leur sœur ensevelir leur nom,
Et que jusqu'au tombeau soumise[33] à sa tutelle,
Jamais les feux d'hymen* ne s'allument pour elle.
Dois-je épouser ses droits contre un père irrité?
Donnerai-je l'exemple à la témérité?
Et dans un fol amour ma jeunesse embarquée[34]...

23. Faisais le récit de... – **24.** Engagement donné ; fidélité à cet engagement, sincérité, loyauté, ici en amour. – **25.** Celles qu'elle a subies. – **26.** Présages tirés par les Anciens de l'observation du vol des oiseaux. – **27.** Sens propre encore : enlever, effacer... – **28.** ... du souvenir de la postérité... – **29.** Jusqu'à en venir là. – **30.** Le langage galant use du mot « soupirant » pour désigner l'amoureux. – **31.** Ce pluriel est possible au XVIIe siècle (= quelques). – **32.** La maudit, la tient à l'écart. – **33.** Construction hardie : terme mis en opposition à elle (v. 110). – **34.** Mot du langage noble à l'époque, celui de la Cour et de la galanterie.

THÉRAMÈNE. – Ah! Seigneur, si votre heure est une fois marquée,
Le ciel de nos raisons ne sait point s'informer.
Thésée ouvre vos yeux en voulant les fermer;
Et sa haine, irritant[35] une flamme rebelle,
Prête à son ennemie une grâce nouvelle.
Enfin, d'un chaste amour pourquoi vous effrayer?
S'il a quelque douceur, n'osez-vous l'essayer[36]?
En croirez-vous toujours un farouche scrupule?
Craint-on de s'égarer sur les traces d'Hercule*?
Quels courages[37] Vénus n'a-t-elle pas domptés?
Vous-même où seriez-vous, vous qui la combattez,
Si toujours Antiope à ses lois opposée
D'une pudique ardeur n'eût brûlé pour Thésée?
Mais que sert d'affecter[38] un superbe discours[39]?
Avouez-le, tout change; et depuis quelques jours,
On vous voit moins souvent, orgueilleux et sauvage,
Tantôt faire voler un char sur le rivage,
Tantôt, savant dans l'art par Neptune inventé*,
Rendre docile au frein un coursier indompté.

35. Avivant, excitant. – **36.** En faire l'expérience. – **37.** Au XVIIe siècle le mot désigne le cœur, comme siège du sentiment. – **38.** Feindre, afficher. – **39.** Raisonnement et langage.

*** v. 86. Péribée** fut elle aussi abandonnée par Thésée ; elle épousa le roi de Salamine, Télamon, dont elle eut un fils, Ajax (l'un des héros de la guerre de Troie).
*** v. 89. Ariane,** cette fille du roi Minos, abandonna sa patrie pour suivre Thésée à Athènes : mal lui en prit ! Lors d'une escale dans l'île de Naxos, le héros la laissa seule, endormie sur le rivage. Deux traditions divergentes expliquaient cette trahison : ou bien Thésée en aimait déjà une autre, ou bien il se pliait ainsi aux ordres des dieux qui lui interdisaient d'épouser Ariane.
*** v. 110.** L'un des attributs du dieu **Hymen,** qui conduisait le cortège nuptial, était le flambeau ; dans la société grecque on emmenait la nouvelle épousée, le soir venu, jusqu'à la demeure de son mari, aux accents des chants... d'hyménée, et à la lueur des torches.
*** v. 122.** Un épisode romanesque de la vie d'Hercule nous montre le héros tombé lui aussi dans l'esclavage d'amour. C'est à **Omphale** qu'en revient l'exploit ! Cette reine de Lydie contraignit le héros à filer la laine à ses pieds, revêtu d'une robe de femme, tandis qu'elle-même arborait la massue et la peau de lion du tueur de monstres.
*** v. 131. Neptune** (Poséidon), le dieu qui règne sur la mer, passait pour avoir fait cadeau aux Athéniens du cheval (n'avait-il pas engendré le cheval ailé Pégase ?) ; l'art dont il est question ici est celui de l'équitation.

Les forêts de nos cris moins souvent retentissent;
Chargés d'un feu secret, vos yeux s'appesantissent;
Il n'en faut point douter : vous aimez, vous brûlez;
Vous périssez d'un mal que vous dissimulez.
La charmante[40] Aricie a-t-elle su vous plaire?

HIPPOLYTE. – Théramène, je pars, et vais chercher mon père.

THÉRAMÈNE. – Ne verrez-vous point Phèdre avant que de[41] partir,
Seigneur?

HIPPOLYTE. – C'est mon dessein : tu peux l'en avertir.
Voyons-la, puisqu'ainsi mon devoir me l'ordonne.
Mais quel nouveau malheur trouble[42] sa chère [Œnone?

40. Le mot a un sens très fort à l'époque : dont les charmes ont un pouvoir envoûtant (« charmer » veut d'abord dire « ensorceler »; « charme » signifie « artifice magique, sortilège », puis « attrait », qui plaît extrêmement, etc.). – **41.** Seul tour tenu pour correct au XVIIe siècle. – **42.** Bouleverse, affole (sens fort).

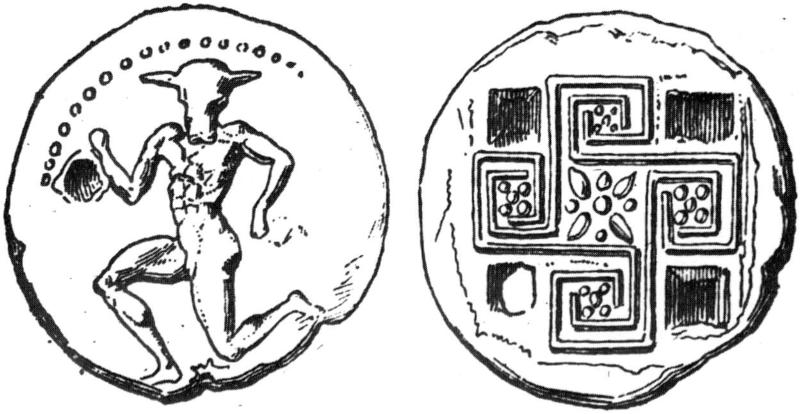

Deux médailles grecques représentant le Minotaure et le labyrinthe.

Guide d'analyse

Le héros et le confident. Le public du temps attendait avec impatience de voir le héros (il satisfaisait la même curiosité mêlée de vénération en allant contempler la personne royale), et voulait le voir tout de suite : l'habitude fut prise de lui en montrer au moins un dès le début de la pièce. Hippolyte paraît en premier. Par ailleurs un type possible d'exposition est l'entretien du héros avec son confident (Racine l'emploie invariablement d'*Andromaque* à *Phèdre*) : quoi de plus naturel que le personnage principal dévoile ses pensées et ses sentiments, les confie à celui (ou celle) qui a sa « foi »? Hippolyte n'a pas de secret pour son gouverneur, et finit par lui avouer son récent tourment avec d'autant plus de vraisemblance que Théramène est de retour d'un long voyage pendant lequel il a partout recherché Thésée.

« Ce superbe Hippolyte. » Chez Euripide et Sénèque le héros se distinguait par sa pureté et sa chasteté intransigeantes ; sa vertu était celle d'un mystique, voué au culte d'Artémis ou celle d'un philosophe stoïcien : dans l'un ou l'autre cas il méprisait les plaisirs de l'amour. Racine a conservé ce trait caractéristique, mais l'a rendu amoureux, ou plutôt s'est conformé de ce point de vue à une tradition plus moderne. On a dit que c'était pour sacrifier au goût de son époque, férue de galanterie, et peu disposée à admettre ou comprendre le modèle antique (un jeune et beau héros devait être amoureux !) : il est vrai que Racine respectait, ce faisant, le vraisemblable et les bienséances, tout ce qui était conforme à l'opinion du public. Le personnage devenait ainsi sympathique, mais c'était un premier palier vers une vérité plus tragique : Hippolyte est profondément divisé, déchiré entre deux exigences antagonistes, la soif de pureté et le désir amoureux.

Un entretien dramatique. On comprend que Racine ait pu donner un tour dramatique, un ton animé, voire passionné à la conversation entre le héros et son confident. Le mécanisme essentiel en est celui du quiproquo sur le comportement et la décision du jeune homme : il annonce son départ, et c'est pour retrouver un père disparu, aimé et admiré ; mais c'est aussi pour fuir, non pas une marâtre ennemie, mais une jeune fille dont il est tombé amoureux ; Hippolyte en fin de compte se fuit lui-même. Les étonnements, les questions du confident conduisent peu à peu le malheureux jusqu'à cet aveu qui est *« désaveu honteux »* de tout son passé ! La vérité d'une âme se fait jour peu à peu dans les mouvements contradictoires de la scène, dans la duplicité de l'attitude et du discours, dans la mauvaise foi du héros.

1. *En quoi Hippolyte est-il le digne* ***héros*** *d'une tragédie classique ?*

2. *Étudiez de près la conception que le jeune homme se fait de l'amour d'après les* ***termes*** *dont il use pour évoquer sa passion ou les aventures amoureuses de son père ; examinez également de ce point de vue le langage de Théramène.*

3. ***Un fils et son père :*** *en quoi les sentiments d'Hippolyte à l'égard de Thésée peuvent-ils prêter à une interprétation psychocritique ou même psychanalytique ?*

4. *A côté du héros,* ***le confident :*** *quel rôle exact Théramène joue-t-il ? Quelle sorte d'humanité représente-t-il ? Qu'est-ce qui l'empêche notamment d'être un personnage tragique ?*

5. ***La tirade*** *est partout dans la tragédie classique : appréciez-en la rhétorique dans la bouche d'Hippolyte (v. 65-113) ou même de Théramène (v. 114-137).*

6. ***La poésie racinienne :*** *en quoi cette scène peut-elle aider à la définir ?*

Scène II

HIPPOLYTE, ŒNONE, THÉRAMÈNE

ŒNONE. – Hélas! Seigneur, quel trouble au mien peut être égal?
La reine touche presque à son terme fatal[1].
En vain à l'observer jour et nuit je m'attache;
Elle meurt dans mes bras d'un mal qu'elle me cache.
Un désordre éternel[2] règne dans son esprit;
Son chagrin[3] inquiet[4] l'arrache de son lit :
Elle veut voir le jour, et sa douleur profonde
M'ordonne toutefois d'écarter tout le monde...
Elle vient...

HIPPOLYTE. – Il suffit : je la laisse en ces lieux,
Et ne lui montre point un visage odieux.

1. La mort, terme marqué par le destin. – 2. Qui ne cesse jamais. – 3. Le mot a beaucoup perdu de sa force et de son étendue : il désigne ici l'irritation, le mécontentement (comme au vers 33), mais aussi l'affliction, la douleur (comme aujourd'hui). – 4. Sens très fort au XVIIe siècle : qui ne peut connaître le repos, physique ou moral; qui a besoin de mouvement, d'agitation.

Guide d'analyse

Une scène de « nécessité ». C'est ainsi qu'un théoricien du temps, l'abbé d'Aubignac, appelait ces courtes scènes chargées de relier harmonieusement les grands moments d'un acte les uns aux autres. Elles étaient sans aucun doute imposées d'abord par les conditions matérielles de représentation; la profondeur du plateau (sept mètres à l'Hôtel de Bourgogne), son encombrement (puisqu'il était chargé de décors... et de spectateurs!), l'obligation pour l'acteur incarnant un haut personnage d'adopter une démarche lente et solennelle faisaient de toute entrée en scène une opération longue et délicate : quelques vers occupaient donc les minutes durant lesquelles l'acteur, arrivé par le fond, gagnait le devant de la scène où il serait aussi bien vu qu'entendu.

Une entrée à effet. Une reine presque mourante s'avance lentement, soutenue par des suivantes, Panope du moins, qui se retireront après l'avoir remise aux mains d'Œnone : « Décidée, avant de mourir, à aller dire adieu au Soleil son ancêtre, elle a revêtu son costume d'apparat. Diadème, voiles, vêtements parent cette jeune et lancinante reine. Grande allure, grande noblesse mais aussi grande pâleur, chez cet être élégant et charmant. Irrésistible féminité, d'autant plus séduisante qu'elle tient à peine debout. Pour son costume, que dire? sinon que sa couleur symbolique est le rouge. » (J.-L. Barrault, *Mise en scène de* Phèdre).

1. *Étudiez l'importance et l'habileté des* **vers de liaison :** a) *v. 142-143;* b) *v. 151-152, ceux-ci constituant ce qu'on appelle à l'époque une liaison de « fuite »; appréciez leur vraisemblance et leur valeur dramatique.*

2. *Racine a préparé* **l'entrée de l'héroïne** *avec un art consommé :* a) *relisez tout ce qui a été dit d'inquiétant à son sujet dans la scène I;* b) *étudiez le plus long portrait qu'en fait Œnone dans la scène II.*

Scène III

PHÈDRE, ŒNONE

PHÈDRE. – N'allons point plus avant. Demeurons[1], chère Œnone.
Je ne me soutiens plus; ma force m'abandonne.
Mes yeux sont éblouis du jour que je revoi[2],
Et mes genoux tremblants se dérobent sous moi!
Hélas! *(Elle s'assied.)**

ŒNONE. – Dieux tout-puissants[3], que nos pleurs vous apaisent!

PHÈDRE. – Que ces vains ornements, que ces voiles me pèsent!
Quelle importune main, en formant tous ces nœuds,
A pris soin sur mon front d'assembler mes cheveux?
Tout m'afflige[3] et me nuit, et conspire à me nuire.

ŒNONE. – Comme on voit tous ses vœux l'un l'autre se détruire!
Vous-même, condamnant vos injustes desseins,
Tantôt[4] à vous parer vous excitiez nos mains;
Vous-même, rappelant votre force première,
Vous vouliez vous montrer et revoir la lumière,
Vous la voyez, Madame, et prête à vous cacher,
Vous haïssez le jour que vous veniez chercher!

PHÈDRE. – Noble et brillant auteur d'une triste[5] famille,
Toi, dont ma mère osait se vanter d'être fille*,
Qui peut-être rougis du trouble où tu me vois,
Soleil, je te viens voir pour la dernière fois!

ŒNONE. – Quoi! vous ne perdrez point cette cruelle envie?
Vous verrai-je toujours, renonçant à la vie,
Faire de votre mort les funestes[6] apprêts?

PHÈDRE. – Dieux! que ne suis-je assise à l'ombre des forêts!
Quand pourrai-je, au travers d'une noble poussière,
Suivre de l'œil un char fuyant dans la carrière[7]?

ŒNONE. – Quoi, Madame?

PHÈDRE. – Insensée, où suis-je? et qu'ai-je dit?
Où laissé-je égarer[8] mes vœux et mon esprit?

1. Dans le bon usage du temps le mot peut signifier « s'arrêter ». – **2.** Orthographe ancienne, conservée ici pour la rime. – **3.** Accabler, abattre (sans nécessairement une idée de souffrance morale). – **4.** Tout à l'heure. – **5.** Sombre, malheureuse. – **6.** Qui concerne la mort, funèbre; qui cause la mort, fatal. – **7.** Sens propre : l'arène, le champ de course. – **8.** Le verbe peut s'employer sans pronom réfléchi au XVIIe siècle.

Je l'ai perdu : les dieux m'en ont ravi l'usage.
Œnone, la rougeur me couvre le visage :
Je te laisse trop voir mes honteuses douleurs,
Et mes yeux, malgré moi, se remplissent de pleurs.

ŒNONE. – Ah! s'il vous faut rougir, rougissez d'un silence
Qui de vos maux encore aigrit[9] la violence.
Rebelle à tous nos soins, sourde à tous nos discours,
Voulez-vous sans pitié laisser finir vos jours?
Quelle fureur[10] les borne au milieu de leur course?*
Quel charme ou quel poison en a tari la source?
Les ombres par trois fois ont obscurci les cieux
Depuis que le sommeil n'[11] est entré dans vos yeux;
Et le jour a trois fois chassé la nuit obscure
Depuis que votre corps languit sans nourriture.
A[12] quel affreux dessein vous laissez-vous tenter?
De quel droit sur vous-même osez-vous attenter?
Vous offensez les dieux auteurs de votre vie,
Vous trahissez l'époux à qui la foi[13] vous lie,
Vous trahissez enfin vos enfants malheureux*
Que vous précipitez sous un joug rigoureux.
Songez qu'un même jour leur ravira[14] leur mère,
Et rendra l'espérance au fils de l'étrangère,
A ce fier ennemi de vous, de votre sang,
Ce fils qu'une Amazone a porté dans son flanc,
Cet Hippolyte...

PHÈDRE. – Ah! dieux!

ŒNONE. – Ce reproche vous touche?

PHÈDRE. – Malheureuse, quel nom est sorti de ta bouche?

ŒNONE. – Eh bien! votre colère éclate avec raison.
J'aime à vous voir frémir à ce funeste nom.
Vivez donc : que l'amour, le devoir, vous excite[15],
Vivez, ne souffrez pas que le fils d'une Scythe*,
Accablant vos enfants d'un empire[16] odieux,

9. Rend âpre, exaspère. – 10. Folie furieuse au sens propre. – 11. « Ne » peut encore suffire à marquer la négation. – 12. = par; « à » est d'un emploi beaucoup plus libre au XVIIe siècle. – 13. Foi jurée entre époux. – 14. « Ravir » a ici son sens premier : enlever de force, arracher. – 15. Réveille, encourage. – 16. Sens étymologique : pouvoir, domination.

Commande au plus beau sang[17] de la Grèce et des dieux.
Mais ne différez point : chaque moment vous tue.
Réparez promptement votre force abattue,
Tandis que de vos jours, prêts à[18] se consumer,
Le flambeau dure encore, et peut se rallumer.

PHÈDRE. – J'en ai trop prolongé la coupable durée.

ŒNONE. – Quoi? de quelques remords êtes-vous déchirée?
Quel crime a pu produire un trouble si pressant?
Vos mains n'ont point trempé dans le sang[19] innocent[20].

PHÈDRE. – Grâces au ciel, mes mains ne sont point criminelles.
Plût aux dieux que mon cœur fût innocent comme elles!

ŒNONE. – Et quel affreux projet avez-vous enfanté
Dont votre cœur encor[21] doive être épouvanté?

PHÈDRE. – Je t'en ai dit assez. Épargne-moi le reste.
Je meurs, pour ne point faire un aveu si funeste.

ŒNONE. – Mourez donc, et gardez un silence inhumain;
Mais pour fermer vos yeux cherchez une autre main.
Quoiqu'il vous reste à peine une faible lumière[22],
Mon âme chez les morts[23] descendra la première;

---

17. A la fois « race » et « descendance ». – **18.** Le siècle confond constamment « prêt à » et « près de ». – **19.** Le mot a ici pour la première fois son sens propre. – **20.** Ce vers est affirmatif (cf. éd. Morel-Viala). – **21.** A cette heure, dès à présent. – **22.** Celle de la vie. – **23.** Aux Enfers, royaume d'Hadès (Pluton).

* **v. 157.** Les dramaturges du XVIIe siècle ne se soucient que rarement d'inclure dans leurs textes des indications de mise en scène; on appréciera d'autant plus celle-ci, de la main de Racine, surtout si l'on se rappelle que s'asseoir est un signe majeur dans la tragédie classique où les personnages sont presque toujours debout.
* **v. 170. Pasiphaé** (le nom signifie en grec « Celle qui brille pour tous ») passait pour être la fille d'Hélios, le Soleil, et de Perséis, l'une des filles de l'Océan et de la déesse marine Téthys.
* **v. 189.** Ce vers peut être une indication intéressante sur l'âge éventuel de Phèdre : compte tenu de l'espérance de vie d'un homme de l'Antiquité ou du XVIIe siècle, le « milieu de la course » ne doit guère se situer au-delà de vingt ou vingt-cinq ans!
* **v. 199.** Phèdre a donné deux enfants à Thésée, Acamas et Démophon; les légendes et les œuvres postérieures à la composition de l'*Iliade* leur attribuent un rôle dans la guerre de Troie : Démophon rapporta aux Athéniens le Palladion, c'est-à-dire la statue troyenne de Pallas Athéna; c'est sous son règne qu'Oreste, poursuivi par les Euménides, vint se réfugier à Athènes (cf. la tragédie de Sophocle intitulée *Les Euménides*).
* **v. 210.** On plaçait parfois le royaume des Amazones en Scythie, au bord de la mer Noire. Ce lointain pays nordique ne pouvait être que « barbare » (étranger, non-grec) aux yeux des Grecs.

Mille chemins ouverts y conduisent toujours,
Et ma juste douleur choisira les plus courts.
Cruelle, quand ma foi[24] vous a-t-elle déçue?
Songez-vous qu'en naissant[25] mes bras vous ont reçue?
Mon pays, mes enfants, pour vous j'ai tout quitté.
Réserviez-vous ce prix à ma fidélité?

PHÈDRE. – Quel fruit espères-tu de tant de violence?
Tu frémiras d'horreur[26] si je romps le silence.

ŒNONE. – Et que me direz-vous qui ne cède, grands dieux!
A l'horreur de vous voir expirer à mes yeux?

PHÈDRE. – Quand tu sauras mon crime, et le sort qui m'accable,
Je n'en mourrai pas moins, je mourrai plus coupable.

ŒNONE. – Madame, au nom des pleurs que pour vous j'ai versés,
Par vos faibles genoux que je tiens embrassés*,
Délivrez mon esprit de ce funeste doute.

PHÈDRE. – Tu le veux. Lève-toi.

ŒNONE. – Parlez : je vous écoute.

PHÈDRE. – Ciel! que lui vais-je dire? et par où commencer?

ŒNONE. – Par de vaines frayeurs cessez de m'offenser.

PHÈDRE. – O haine de Vénus! O fatale colère!
Dans quels égarements l'amour jeta ma mère!*

ŒNONE. – Oublions-les Madame, et qu'à tout l'avenir[27]
Un silence éternel cache ce souvenir.

PHÈDRE. – Ariane, ma sœur, de quel amour blessée
Vous mourûtes aux bords où vous fûtes laissée!

ŒNONE. – Que faites-vous, Madame? et quel mortel ennui[28]
Contre tout votre sang vous anime aujourd'hui?

PHÈDRE. – Puisque Vénus le veut, de ce sang déplorable
Je péris la dernière et la plus misérable[29].

---

24. Peut se dire de toute fidélité passionnée. – **25.** Construction incorrecte aujourd'hui : « en naissant » se rapporte à « vous ». – **26.** Le mot désigne au XVIIᵉ siècle tout saisissement, tout tremblement que cause la vue ou la pensée d'une chose affreuse, propre à faire dresser les cheveux sur la tête. – **27.** Pour la postérité. – **28.** Le sens de ce mot s'est considérablement affaibli : à l'époque il s'applique à une douleur odieuse, à un tourment insupportable, un violent désespoir. – **29.** Malheureuse (sans nuance de mépris).

ŒNONE. – Aimez-vous?

PHÈDRE. – De l'amour j'ai toutes les fureurs[30].

ŒNONE. – Pour qui?

PHÈDRE. – Tu vas ouïr le comble des horreurs.
J'aime... A ce nom fatal, je tremble, je frissonne.
j'aime...

ŒNONE. – Qui?

PHÈDRE. – Tu connais ce fils de l'Amazone,
Ce prince si longtemps par moi-même opprimé?

ŒNONE. – Hippolyte? Grands dieux!

PHÈDRE. – C'est toi qui l'as nommé!

ŒNONE. – Juste ciel! tout mon sang dans mes veines se glace!
O désespoir! ô crime! ô déplorable[31] race!
Voyage infortuné! Rivage malheureux[32],
Fallait-il approcher de tes bords dangereux?

PHÈDRE. – Mon mal vient de plus loin. A peine au fils d'Égée
Sous les lois de l'hymen je m'étais engagée,
Mon repos, mon bonheur semblait être affermi,
Athènes me montra mon superbe ennemi.
Je le vis, je rougis[33], je pâlis à sa vue;
Un trouble s'éleva dans mon âme éperdue;
Mes yeux ne voyaient plus, je ne pouvais parler,
Je sentis tout mon corps et transir[34] et brûler.
Je reconnus Vénus et ses feux redoutables,
D'un sang qu'elle poursuit tourments inévitables.

30. Se dit de toutes les passions qui font agir avec de grands emportements. – **31.** Digne de compassion, de pitié. – **32.** Qui entraîne le malheur, fatal. – **33.** Le mot a ici son sens propre. – **34.** Être saisi de froid.

*** v. 244.** C'était l'attitude ordinaire du suppliant dans l'Antiquité : en font foi les poèmes homériques, les tragédies grecques et les peintures de vases.
*** v. 250.** La déesse de l'amour avait inspiré à Pasiphaé une passion monstrueuse pour un taureau envoyé par Poséidon au roi Minos. L'ingénieux Dédale, disait la légende, fabriqua une génisse de bronze dans laquelle la reine se glissa; le taureau s'y trompa, et de l'accouplement naquit le Minotaure.

L'aveu de Phèdre à Œnone (gravure du XIXe siècle).

Par des vœux assidus je crus les détourner :
Je lui bâtis un temple, et pris soin de l'orner;
De victimes moi-même à toute heure entourée,
Je cherchais dans leurs flancs[35] ma raison égarée.
D'un incurable amour remèdes impuissants!
En vain sur les autels ma main brûlait l'encens :
Quand ma bouche implorait le nom de la déesse,
J'adorais Hippolyte, et le voyant sans cesse,
Même au pied des autels que je faisais fumer,
J'offrais tout à ce dieu que je n'osais nommer.
Je l'évitais partout. O comble de misère[36]!
Mes yeux le retrouvaient dans les traits de son père.
Contre moi-même enfin j'osai me révolter :
J'excitai mon courage à le persécuter.
Pour bannir l'ennemi dont j'étais idolâtre,
J'affectai les chagrins d'une injuste marâtre;
Je pressai son exil, et mes cris éternels
L'arrachèrent du sein et des bras paternels.
Je respirais, Œnone; et depuis son absence
Mes jours moins agités coulaient dans l'innocence;
Soumise à mon époux, et cachant mes ennuis,
De son fatal hymen je cultivais les fruits[37].
Vaines précautions! Cruelle destinée!
Par mon époux lui-même à Trézène amenée,
J'ai revu l'ennemi que j'avais éloigné :
Ma blessure trop vive aussitôt a saigné.
Ce n'est plus une ardeur dans mes veines cachée :
C'est Vénus toute[38] entière à sa proie attachée.
J'ai conçu pour mon crime une juste terreur.
J'ai pris la vie en haine et ma flamme en horreur;
Je voulais en mourant prendre soin de ma gloire[39],
Et dérober au jour une flamme si noire.
Je n'ai pu soutenir tes larmes, tes combats;
Je t'ai tout avoué; je ne m'en repens pas,
Pourvu que de ma mort respectant les approches,
Tu ne m'affliges plus par d'injustes reproches,
Et que tes vains secours cessent de rappeler
Un reste de chaleur tout prêt à s'exhaler.

35. Ceux des victimes immolées. – **36.** Malheur, infortune. – **37.** J'élevais les enfants que j'avais eus de Thésée. – **38.** Mot considéré à l'époque comme adjectif et non comme adverbe dans cet emploi. – **39.** Réputation, honneur.

Guide d'analyse

L'entrée de Phèdre. On croit souvent que le rôle de Phèdre occupe presque toute la tragédie qui porte son nom : or sur les trente scènes de la pièce, Phèdre n'a droit qu'à douze ! Elle fait partie non de la catégorie des héros prodigués mais de celle des **héros rares,** dont les apparitions sont plus attendues. L'entrée de Phèdre, habilement préparée par les scènes précédentes, est d'un effet saisissant : « Racine réussit, avec le minimum de vers, à nous donner les cinq principales facettes de ce caractère. 1re réplique (153-157) : elle est mourante. Sa vie ne tient qu'à un fil. 2e réplique (158-161) : c'est la reine, la femme, le caprice. Ce sont ses nerfs. 3e réplique (169-172) : voici la fille du Soleil. Race. Noblesse. 4e réplique (176-178) : l'amante, la possédée, la victime. Elle subit l'envoûtement des Dieux. 5e réplique (180-184) : viennent alors les remords, la honte, le désir sincère de la vertu. Phèdre, durant les quatre actes qui vont suivre, oscillera de l'un à l'autre de ces cinq pôles principaux » (J.-L. Barrault).

Un aveu dramatique et lyrique. Comme dans la première scène, la confidente va peu à peu amener l'héroïne à avouer un amour soigneusement dissimulé. Les efforts d'Œnone, les refus et les réticences de Phèdre, un quiproquo, la lente montée de l'aveu, quelques cris, des exclamations désespérées, tout cela confère à la confession de Phèdre un tour d'une grande intensité dramatique. Mais c'est aussi un **chant de douleur** qui s'exhale de la bouche d'une femme mourante et plaintive : de nombreux passages sont dans cette scène une véritable musique, surtout le grand « récital » final (269-316). Racine use avec une grande maîtrise de l'écriture théâtrale de son temps, de l'alexandrin lui-même, de certains groupements de vers comme le quatrain, le distique; les rythmes de la scène sont variés, soit amples, soit précipités (grâce au recours à la **stichomythie,** ce dialogue où se répondent de courtes répliques de longueur identique ou presque égale). Le théâtre grec était lyrique ; dans cette pièce les vers deviennent un instrument musical, à eux seuls.

« Une flamme si noire ». La scène développe avec plus d'ampleur encore : *a*) le thème de **l'amour** interdit et funeste, maladie, fatalité ou punition, faute, folie furieuse, désir forcené ; *b*) celui de **la soif de pureté,** de l'exigence de vertu, de la « gloire » à préserver ; *c*) celui enfin de **la honte** et de l'âme déchirée, et de l'impossible choix. La seule solution pour Phèdre est le **suicide :** la reine se laisse mourir d'inanition, et la scène se termine comme elle avait commencé (cercle symbolique et infernal), sur l'image d'une mourante.

1. *En quoi cette scène est-elle rigoureusement* ***parallèle*** *(dans ses thèmes et son mouvement) à la scène I de l'acte ? Comment justifier ce parallélisme ?*

2. ***L'amour selon Racine :*** *étudiez de près tous les termes qui le décrivent ou l'évoquent ; en quoi le langage de l'amour échappe-t-il aux conventions et aux artifices de mode de l'époque ?*

3. ***L'aveu :*** *analysez son long cheminement, et les procédés mis en œuvre pour le rendre aussi dramatique que pathétique (v. 259-268) ; comment comprendre le cri de Phèdre (v. 264), les lamentations d'Œnone (v. 265-268) ?*

4. *Faites une étude précise,* ***thématique*** *et* ***stylistique,*** *de la longue tirade de Phèdre (v. 269-316), que J.-L. Barrault commente ainsi : « Et c'est maintenant "en plein vol" qu'elle commence à décrire les courbes de son récital. Alternances de crescendo et de diminuendo ».*

5. *Les bienséances interdisent dans la 2e moitié du XVIIe siècle que l'on parle du corps : appréciez l'****audace*** *contrôlée de Racine dans cette scène, notamment dans le vers fameux :* « C'est Vénus toute entière à sa proie attachée. » *(Quel est son sens exact ?)*

Scène IV

PHÈDRE, ŒNONE, PANOPE

PANOPE. – Je voudrais vous cacher une triste[1] nouvelle,
Madame, mais il faut que je vous la révèle :
La mort vous a ravi votre invincible époux,
Et ce malheur n'est plus ignoré que de vous.

ŒNONE. – Panope, que dis-tu ?

PANOPE. – Que la reine abusée
En vain demande au ciel le retour de Thésée,
Et que par des vaisseaux arrivés dans le port,
Hippolyte son fils vient d'apprendre sa mort.

PHÈDRE. – Ciel !

PANOPE. – Pour le choix d'un maître Athènes se partage :
Au prince votre fils* l'un donne son suffrage,
Madame, et de l'État l'autre oubliant les lois,
Au fils de l'étrangère ose donner sa voix.
On dit même qu'au[2] trône une brigue[3] insolente
Veut placer Aricie et le sang de Pallante.
J'ai cru de ce péril vous devoir avertir.
Déjà même Hippolyte est tout prêt à partir ;
Et l'on craint, s'il paraît dans ce nouvel[4] orage,
Qu'il n'entraîne après lui tout un peuple volage.

ŒNONE. – Panope, c'est assez ; la reine qui t'entend
Ne négligera pas cet avis important.

1. Funeste (sens fort). – 2. Sur le... – 3. Un parti, une cabale. – 4. Imprévu, inattendu.

v. 326. Phèdre a eu deux fils de Thésée ; le singulier s'explique ici par le fait que le trône revient d'abord et uniquement à l'aîné.

Scène V

PHÈDRE, ŒNONE

ŒNONE. – Madame, je cessais de vous presser de vivre,
Déjà même au tombeau, je songeais à vous suivre;
Pour vous en détourner je n'avais plus de voix;
Mais ce nouveau malheur vous prescrit d'autres lois[5].
Votre fortune change et prend une autre face :
Le roi n'est plus, Madame, il faut prendre sa place.
Sa mort vous laisse un fils à qui vous vous devez,
Esclave s'il vous perd, et roi si vous vivez.
Sur qui, dans son malheur, voulez-vous qu'il s'appuie?
Ses larmes n'auront plus de main qui les essuie,
Et ses cris innocents, portés jusques[6] aux dieux,
Iront contre sa mère irriter ses aïeux.
Vivez, vous n'avez plus de reproche à vous faire :
Votre flamme devient une flamme ordinaire.
Thésée en expirant vient de rompre les nœuds[7]
Qui faisaient tout le crime et l'horreur de vos feux.
Hippolyte pour vous devient moins redoutable,
Et vous pouvez le voir sans vous rendre coupable.
Peut-être, convaincu de votre aversion,
Il va donner un chef à la sédition :
Détrompez son erreur, fléchissez son courage.
Roi de ces bords heureux, Trézène est son partage[8],
Mais il sait que les lois donnent à votre fils
Les superbes remparts que Minerve a bâtis[9].
Vous avez l'un et l'autre une juste ennemie :
Unissez-vous tous deux pour combattre Aricie.

PHÈDRE. – Eh bien! à tes conseils je me laisse entraîner.
Vivons, si vers la vie on veut me ramener,
Et si l'amour d'un fils, en ce moment funeste,
De mes faibles esprits[10] peut ranimer le reste.

5. Obligations. – **6.** Orthographe satisfaisant à la mesure du vers. – **7.** Ceux du mariage. – **8.** Construction hardie : « roi » est mis en apposition à un « lui » contenu implicitement dans l'adjectif possessif « son ». – **9.** L'emploi du nom latin Minerve ne doit pas faire oublier que c'est la déesse Athéna qui était la protectrice et la patronne d'Athènes. – **10.** Corps légers, émanations que l'on considérait comme le principe de la vie et du sentiment.

Guide d'analyse – Scènes IV et V

Une péripétie. La mort de Thésée, ou plutôt la nouvelle qu'en apporte ici Panope, constitue ce qu'on appelle dans la dramaturgie du temps une « péripétie », c'est-à-dire : *a)* **un événement imprévu,** venu de l'extérieur, et causant de ce fait la surprise ; *b)* **un changement de « fortune »,** modifiant la situation matérielle et psychologique des personnages principaux ; *c)* **un coup de théâtre,** qui doit être réversible.

Le problème politique. La tragédie classique a partie liée avec la politique : Corneille pensait que la meilleure formule consistait à faire paraître le roi « comme roi et comme homme tout à la fois », avec « un grand intérêt d'État et une forte passion tout ensemble à soutenir ». La nouvelle de la mort de Thésée ouvre une crise de succession et pose un problème capital pour les contemporains de Corneille et de Racine (et pour toute société), celui de la légitimité du pouvoir ; plusieurs cas pouvaient se présenter : maintien de l'ordre ancien (de la dynastie régnante), instauration d'un ordre nouveau (restauration, changement de dynastie ou usurpation pure et simple), etc.

La scène d'Œnone. La confidente accède ici au statut du personnage dramatique à part entière : son rôle n'est plus d'écouter ou de déplorer mais d'agir, de tirer les conséquences du fait nouveau intervenu dans la scène précédente. Phèdre était enfermée dans sa solitude et sa division, elle n'envisageait d'autre issue que le suicide. Voici qu'Œnone lui propose le bonheur et la vie. « Entre l'échec et la mauvaise foi il y a pourtant une issue possible, celle de la dialectique. La tragédie n'ignore pas cette issue : mais elle n'a pu l'admettre qu'à force d'en banaliser la figure fonctionnelle : c'est le confident. Sans doute il est la voix de la raison (d'une raison fort sotte, mais qui est tout de même un peu la Raison) contre la voix de la "passion", mais ceci veut dire surtout qu'il parle le possible contre l'impossible... D'où le caractère dialectique des solutions qu'il propose (sans succès) et qui consiste toujours à médiatiser l'alternative ». (R. Barthes, *L'Homme racinien*)

1. *Panope tient ici le rôle du* ***messager;*** *son récit est un pis-aller : en quoi est-il* ***nécessaire?*** *Cependant Panope n'a pas seulement une fonction utile : comment Racine parvient-il à donner du relief, un* ***caractère*** *à ce personnage épisodique? Cherchez dans le texte ce qui pourrait justifier ce jugement de J.-L. Barrault : « Panope est une fille jeune, forte, sympathique et sensible, surtout très sensible. On la sent très dévouée. Elle prend à son compte tous les malheurs de ceux qu'elle aime. Elle vit intensément ce qu'elle dit et ce qu'elle fait. C'est un tempérament généreux. Elle est délicate à "distribuer". C'est elle qui reste le seul être vivant à la fin de la tragédie. Son rôle est important. C'est le "pendant" homothétique d'Œnone, sa "correspondance" favorable. C'est Œnone sans la mission funeste que celle-ci doit remplir. »*

2. *Comment justifier* ***le silence de Phèdre?*** *Analysez toute l'ambiguïté de sa seule exclamation : « Ciel ! »*

3. *Appréciez* ***la dialectique d'Œnone,*** *l'habileté de son discours, ses formules concises, ses procédés persuasifs. Quel mot essentiel représente « la valeur la plus antitragique qui soit » (R. Barthes)? Quel vers révèle que la confidente appartient à la commune humanité et non à la race des héros tragiques?*

4. *Analysez toute* ***la mauvaise foi de Phèdre*** *dans sa courte réplique, et l'ambiguïté dans laquelle elle se réfugie (pour échapper à Œnone? à elle-même?).*

5. *Les auteurs dramatiques et les théoriciens attachaient une grande importance à la* ***dernière scène*** *de chaque acte : elle devait être* ***dynamique;*** *Corneille la voulait « une agréable suspension »; Racine termine généralement ses actes par une décision. En quoi cette scène est-elle réussie comme fin d'acte?*

Documentation, essais, recherches

1. Le héros tragique. « La division est la structure fondamentale de l'univers tragique. C'en est même la marque et le privilège. Par exemple seul le héros tragique est divisé... La division racinienne est rigoureusement binaire, le possible n'y est jamais rien d'autre que le contraire » (R. Barthes). Cette affirmation vous paraît-elle juste en ce qui concerne Phèdre et Hippolyte, tels qu'on les voit dans ce premier acte ?

2. La solitude tragique. Aux yeux de certains critiques les héros de la tragédie sont irrémédiablement seuls : quand ils s'expriment, on parle à leur sujet d'« incantation » (T. Maulnier) ou de « dialogue solitaire » (G. Lukàcs) : vous rechercherez ce qui peut confirmer de telles expressions dans les scènes I et III.

3. « La horde primitive. » R. Barthes la retrouve dans les familles raciniennes : quelles peuvent en être les figures et les actions dans l'intrigue de *Phèdre,* dès le début de la pièce ? Examinez de ce point de vue les liens qui existent, les tensions qui se dessinent entre les personnages principaux, présents sur scène ou dont on nous parle.

4. Les dieux. Situant la tragédie de *Phèdre* dans une perspective janséniste, L. Goldmann estime que « le Dieu caché de la tragédie racinienne est le plus souvent un Dieu à double visage » : en quoi la scène III peut-elle justifier ce jugement ?

5. Racine et la Grèce. A. Adam affirme que la pièce de Racine est avant tout « grecque » ; A. Niderst y reconnaît non pas la Grèce classique mais « une Grèce colorée, hiératique et barbare » : relevez tout ce qui leur donne raison dans cet acte comme dans la pièce entière.

6. Intertextualité. Le personnage d'Hippolyte chez Euripide et chez Sénèque, puis chez Racine : une certaine permanence, des modifications sensibles ; faites connaissance avec le chasseur et le dévot d'Artémis *(Hippolyte,* v. 51-120*),* avec le chasseur encore et le philosophe stoïcien *(Phèdre,* v. 1-84 et v. 483-564*) ;* pourquoi Racine a-t-il effacé la rude misogynie des héros grec et latin ?

7. Intertextualité. Le dramaturge français a emprunté au tragique grec la grande scène III, et traduit parfois mot pour mot son modèle ; comparez le texte de Racine à celui d'Euripide (v. 197-524 ; cf. extrait p. 149).

8. Phèdre et Hippolyte. Voici comment J.-L. Barrault les imagine :
a) « **Hippolyte** est le plus bel éphèbe de Grèce. Ses muscles, voilà son costume. Ils doivent être forts et harmonieux. Il est capital qu'il se dégage d'Hippolyte une jeune et vigoureuse virilité. Hippolyte est le plus beau cheval de Trézène. Son poil est blond, d'un blond chaud. Il va pieds nus, comme tous les hommes... Pour le peu de vêtements qu'il porte, c'est le blanc, avec des parures d'un jaune crissant et quelques pointillés de noir qui s'accorderont le mieux avec le hâle de sa peau. »
b) « **Phèdre** est la plus jeune des femmes épanouies. Dans Phèdre, il n'y a plus de printemps. C'est l'été et cet été-là en est à la période la plus brûlante. Phèdre est à la "canicule" de sa vie. Elle est éclose. Elle est mûre pour la moisson. C'est un fruit odorant et chaud qui craquelle de partout dans sa poussée juteuse. Elle est couverte d'une moiteur qui poisse. Phèdre, c'est le mois d'août de l'année (le mois d'Hippolyte peut-être !). Et la tragédie de Phèdre est un de ces orages de fin août. Phèdre a atteint sa sensualité la plus dense. Pour l'instant, elle est sous la domination effective de Vénus, mais elle sera bientôt avec elle : de connivence. » *(Mise en scène de Phèdre)*

9. Essai. A. Niderst voit dans la tragédie de *Phèdre* « une fusion presque parfaite de ces deux dimensions : le réalisme et le mythe » : en quoi cette affirmation paraît-elle justifiée ?

ACTE II : DÉCLARATIONS D'AMOUR

La cérémonie dramatique.

Le deuxième acte, comme le premier, suffirait à illustrer l'aspiration du classicisme à l'équilibre, à l'harmonie, à montrer que l'exigence esthétique modèle, voire impose le déroulement de l'intrigue. La tragédie se construit sur de savantes **symétries** ou **dissymétries,** sur des actions ou des entrevues ou des situations analogues. A la première scène de l'acte I où Hippolyte avouait son amour à son confident correspond la scène I de l'acte II où Aricie révèle le sien à Ismène, sa confidente. A la scène II du deuxième acte où Hippolyte finit par déclarer sa passion à la jeune fille répond la scène V de ce même acte où Phèdre ne peut plus dissimuler la sienne au jeune homme. La dualité de l'acte, considéré dans son ensemble, est par ailleurs significative : sa première moitié est consacrée à l'amour partagé d'Hippolyte et d'Aricie, la seconde à l'amour solitaire et dédaigné de Phèdre. Ainsi l'antithèse assure la progression dramatique et avive le crescendo pathétique. Le primat de l'esthétique s'affirme également dans la **construction des personnages :** Aricie est le double féminin d'Hippolyte puisque hostile d'abord à l'amour elle est enfin vaincue par lui ; et dans celle des discours : Hippolyte amoureux est, quant à lui, le double de Phèdre, et Mauriac avait raison de commenter la scène II en ces termes : « Les mots brûlants d'Hippolyte à Aricie ne semblent pas lui appartenir, il les a dérobés à Phèdre. » Décidément il semble bien que d'une savante architecture, d'une construction quasi symphonique, Racine « par une inversion perverse fait un instrument de torture » (J. Schérer).

Aux confins du roman.

On garde trop souvent en mémoire les seules « fureurs » des héroïnes raciniennes, emprisonnées dans leur amour repoussé : c'est oublier les couples d'amants que l'on retrouve d'une tragédie à l'autre, Junie et Britannicus, Atalide et Bajazet, Monime et Xipharès, Aricie et Hippolyte. Ces deux derniers avaient de quoi séduire et émouvoir les contemporains : jeunes, beaux, purs, découvrant l'amour pour la première fois et s'aimant malgré l'hostilité de leur entourage, ils avaient tous les attraits des **héros de romans ;** mieux encore : dans cette scène le prince charmant rendait sa liberté à la princesse captive et se rangeait sous ses lois, n'hésitant pas à sacrifier ses intérêts politiques à sa passion. Si l'on a été sévère ensuite pour ces tendres amants et leurs délicates amours, la Ville et la Cour pensaient autrement ; formés par la lecture des romans et d'un certain théâtre « galant » à une éthique et à une esthétique venues de la littérature courtoise et retrempées par la préciosité, les spectateurs du temps prenaient peut-être plus de plaisir à voir et à entendre Hippolyte et Aricie que Phèdre; ils ne se trompaient pas complètement en évoquant avant tout les « tendresses » du théâtre racinien.

Cependant Racine échappe au romanesque outré et artificiel en faisant planer sur cette parenthèse heureuse **les ombres de l'interdit,** de la honte et du remords, les obstacles aussi bien extérieurs qu'intérieurs, et surtout en mettant dans le cœur de ses jeunes amants une passion qui n'est guère différente de celle qu'éprouvent leurs ennemis (Roxane, Phèdre, etc.) : « Le sentiment amoureux porte en lui-même le ver qui le rend fatal... Hippolyte et Aricie voient dans un naissant mais insurmontable amour une faiblesse dont ils ont honte » (J. Morel). Il n'en ira pas autrement pour Phèdre, et la longue scène où elle se déclare à Hippolyte reprendra sur le mode majeur le thème de la cruauté de l'amour, de cet amour-péché qui est aussi nostalgie de l'innocence. L'unité de l'acte est profonde, qui réside dans cette **ambiguïté essentielle** de la passion amoureuse. L'antithèse en est la figure dramatique et pathétique.

Le plaisir du théâtre.

Ce second acte qui montre Aricie et Hippolyte tout à leurs projets d'avenir et de bonheur, et Phèdre toute à l'illusion de séduire son beau-fils, cet acte qui est celui de la **liberté,** recouvrée, d'aimer et d'agir, permet de comprendre le parti admirable qu'un auteur de génie peut tirer de l'imitation des Anciens, de l'adaptation d'une légende déjà connue. Ce que disent et font les personnages est apprécié, interprété d'une autre manière par le public, qui s'émeut d'autant plus qu'il sait que leurs rêves sont illusoires, leurs amours condamnées et leurs vies vouées au malheur ou à la mort. Ce décalage soutient la curiosité et le plaisir – ambigu – des spectateurs, et assure le bon fonctionnement de la tragédie, qui doit être comprise comme « le lieu normal de la mise en accusation des dieux » (J. Schérer), puisqu'elle fait constamment percevoir chez Racine cette **« perversité tragique »** qui doit passer par l'expression « dramatique » pour être pleinement sensible, et devenir source de terreur et de pitié. Il faut noter que la construction de l'acte concourt au même but : ce n'est pas un hasard si les scènes presque lumineuses du début laissent la place aux sombres scènes de la fin, à la plainte où à l'effroi, à un geste furieux, à un mouvement de fuite générale, à l'inquiétante nouvelle que Thésée n'est peut-être pas mort! Racine a combiné avec une habileté consommée les éléments qui lui sont propres et ceux qu'il a empruntés à la tradition pour assurer la nécessaire **progression de la tension dramatique.**

Scène première

ARICIE, ISMÈNE

ARICIE. – Hippolyte demande à me voir en ce lieu?
Hippolyte me cherche, et veut me dire adieu?
Ismène, dis-tu vrai? N'es-tu point abusée?

ISMÈNE. – C'est le premier effet de la mort de Thésée.
Préparez-vous, Madame, à voir de tous côtés
Voler vers vous les cœurs par Thésée écartés.
Aricie à la fin[1] de son sort est maîtresse,
Et bientôt à ses pieds verra toute la Grèce.

ARICIE. – Ce n'est donc point, Ismène, un bruit mal affermi?
Je cesse d'être esclave, et n'ai plus d'ennemi?

ISMÈNE. – Non, Madame, les dieux ne vous sont plus contraires
Et Thésée a rejoint les mânes* de vos frères.

ARICIE. – Dit-on quelle aventure[2] a terminé ses jours?

ISMÈNE. – On sème de sa mort d'incroyables discours.
On dit que, ravisseur d'une amante nouvelle,
Les flots ont englouti cet époux infidèle.
On dit même, et ce bruit est partout répandu,
Qu'avec Pirithoüs aux enfers descendu*,
Il a vu le Cocyte[3] et les rivages sombres,
Et s'est montré vivant aux infernales ombres[4],
Mais qu'il n'a pu sortir de ce triste séjour,
Et repasser les bords qu'on passe sans retour.

1. Enfin. – 2. Au XVIIe siècle : accident inopiné, événement heureux ou malheureux. – 3. C'est-à-dire « la Rivière des Gémissements », un des fleuves des Enfers. – 4. Celles des morts.

*** v. 378.** Les **Mânes** étaient dans la croyance romaine les âmes des morts ; le terme latin signifiait au juste « les bienveillants » ; en les nommant ainsi on espérait se les rendre favorables ; on leur rendait par ailleurs un véritable culte. L'ombre de Thésée a rejoint celles des Pallantides (qu'il a jadis massacrés).
*** v. 384.** Thésée et Pirithoüs formaient un couple d'amis inséparables qui accomplissaient ensemble leurs exploits et leurs frasques. Ils avaient juré de se donner mutuellement pour épouse une fille de Zeus. Après avoir enlevé – pour Thésée – la jeune Hélène, ils étaient descendus aux Enfers pour en ramener – et cette fois pour Pirithoüs – la propre épouse d'Hadès, Perséphone (Proserpine), fille de Zeus et de la déesse Déméter. L'affaire tourna mal : les deux compères furent retenus prisonniers par le souverain des morts jusqu'à la venue d'Héraclès, lequel parvint à libérer Thésée, mais non Pirithoüs, le principal coupable en l'occurrence ; Thésée revit le jour et son ami resta dans le royaume souterrain.

ARICIE. – Croirai-je qu'un mortel avant sa dernière heure
Peut pénétrer des morts la profonde demeure?
Quel charme l'attirait sur ces bords redoutés?

ISMÈNE. – Thésée est mort, Madame, et vous seule en doutez :
Athènes en gémit, Trézène en est instruite
Et déjà pour son roi reconnaît Hippolyte;
Phèdre, dans ce palais, tremblante[5] pour son fils,
De ses amis troublés demande les avis.

ARICIE. – Et tu crois que pour moi plus humain que son père,
Hippolyte rendra ma chaîne plus légère?
Qu'il plaindra mes malheurs?

ISMÈNE. – Madame, je le croi[6].

ARICIE. – L'insensible Hippolyte est-il connu de toi?
Sur quel frivole espoir penses-tu qu'il me plaigne,
Et respecte en moi seule un sexe qu'il dédaigne?
Tu vois depuis quel temps il évite nos pas,
Et cherche tous les lieux où nous ne sommes pas.

ISMÈNE. – Je sais de ses froideurs tout ce que l'on récite;
Mais j'ai vu près de vous ce superbe Hippolyte,
Et même, en le voyant[7], le bruit de sa fierté[8]
A redoublé pour lui ma curiosité.
Sa présence[9] à ce bruit n'a point paru répondre :
Dès vos premiers regards je l'ai vu se confondre[10];
Ses yeux, qui vainement voulaient vous éviter,
Déjà pleins de langueur[11] ne pouvaient vous quitter.
Le nom d'amant[12] peut-être offense son courage;
Mais il en a les yeux, s'il n'en a le langage.

ARICIE. – Que mon cœur, chère Ismène, écoute avidement
Un discours qui peut-être a peu de fondement!
O toi qui me connais, te semblait-il croyable
Que le triste jouet d'un sort impitoyable,
Un cœur toujours nourri d'amertume et de pleurs,
Dût connaître l'amour et ses folles douleurs?

---

5. L'accord du participe présent, aujourd'hui invariable, est possible à l'époque. – **6.** Orthographe satisfaisant à la rime. – **7.** Quand je l'ai vu (tournure correcte à l'époque). – **8.** Humeur farouche et implacable. – **9.** Peut signifier à l'époque : « aspect », vue qu'on a d'une personne. – **10.** Se troubler. – **11.** Sentiment amoureux, fait d'émoi sensuel, de bonheur attendri et d'inquiétude tout à la fois. – **12.** Qui aime d'amour et désire être aimé.

Reste du sang d'un roi noble fils de la Terre*,
Je suis[13] seule échappée aux fureurs de la guerre.
J'ai perdu, dans la fleur de leur jeune saison
Six frères... Quel espoir d'une illustre maison[14] !
Le fer moissonna tout, et la terre humectée
But à regret le sang des neveux[15] d'Érechtée.
Tu sais, depuis leur mort, quelle sévère loi
Défend à tous les Grecs de soupirer pour moi :
On craint que de la sœur les flammes[16] téméraires
Ne raniment un jour la cendre[17] de ses frères.
Mais tu sais bien aussi de quel œil dédaigneux
Je regardais ce soin[18] d'un vainqueur soupçonneux ;
Tu sais que de tout temps à l'amour opposée,
Je rendais souvent grâce à l'injuste Thésée,
Dont l'heureuse rigueur secondait mes mépris.
Mes yeux alors, mes yeux n'avaient pas vu son fils.
Non que par les yeux seuls lâchement[19] enchantée[20],
J'aime en lui sa beauté, sa grâce tant vantée,
Présents dont la nature a voulu l'honorer,
Qu'il méprise lui-même et qu'il semble ignorer ;
J'aime, je prise[21] en lui de plus nobles richesses,
Les vertus de son père, et non point les faiblesses,
J'aime, je l'avouerai, cet orgueil généreux[22]
Qui jamais n'a fléchi sous le joug amoureux.
Phèdre en vain s'honorait des soupirs de Thésée :
Pour moi, je suis plus fière et fuis la gloire aisée
D'arracher un hommage à mille autres offert,
Et d'entrer dans un cœur de toutes parts ouvert.

---

13. Marque un état, à côté de « j'ai échappé » qui marquerait un fait. – **14.** Famille noble (sens de l'époque). – **15.** Au pluriel, « descendants », postérité. – **16.** Celles de l'amour (d'ordinaire au singulier). – **17.** Les restes des corps incinérés (d'ordinaire au pluriel dans ce sens). – **18.** Souci, précaution. – **19.** Honteusement. – **20.** Envoûtée, ensorcelée (sens étymologique). – **21.** Estime. – **22.** De bonne race, c'est-à-dire noble, puis de noble nature.

*** v. 421.** Égée et Pallas, les deux frères, avaient pour ancêtre commun Érechtée que la légende ne distingua pas d'abord d'Érichtonios, lequel naquit de bien curieuse façon : Athéna, la déesse vierge, était allée un jour, pour commander des armes, dans l'atelier du dieu forgeron Héphaïstos : ce dernier se prit d'amour pour sa visiteuse, la poursuivit et répandit même son sperme sur la jambe de la déesse. Dans son dégoût Athéna essuya cette souillure et la lança par terre. Ainsi fécondée, la terre donna naissance à Érichtonios, qu'Athéna éleva dans l'enceinte sacrée de l'Acropole. On confondit ensuite ce fils de la Terre avec Érechtée, l'un des premiers rois mythiques d'Athènes. L'ascendance d'Aricie est, elle aussi, quasiment divine.

Mais de[23] faire fléchir un courage inflexible,
De porter la douleur dans une âme insensible,
D'enchaîner un captif de ses fers[24] étonné[25]
Contre un joug qui lui plaît vainement mutiné,
C'est là ce que je veux, c'est là ce qui m'irrite[26].
Hercule à désarmer coûtait moins qu'Hippolyte,
Et vaincu plus souvent, et plus tôt surmonté,
Préparait moins de gloire aux yeux qui l'ont dompté.
Mais, chère Ismène, hélas! quelle est mon imprudence!
On ne m'opposera que trop de résistance.
Tu m'entendras peut-être, humble dans mon ennui,
Gémir du même orgueil que j'admire aujourd'hui.
Hippolyte aimerait? Par quel bonheur extrême
Aurais-je pu fléchir...

ISMÈNE. — Vous l'entendrez lui-même :
Il vient à vous.

---

23. La préposition a ici un sens explétif; il faut rattacher l'expression à « c'est là ce que je veux » (v. 453). — **24.** Image évoquant l'amour et ses chaînes. — **25.** Sens étymologique : « frappé d'un coup de tonnerre ». — **26.** Me stimule.

Guide d'analyse

Une exposition discontinue. Il est fréquent qu'au lieu d'occuper tout le premier acte l'exposition soit en quelque sorte suspendue et que certains éléments importants ne soient livrés que dans le deuxième acte, lorsque l'action dramatique est déjà engagée. Une autre raison amène parfois les auteurs à couper l'exposition en deux morceaux : l'usage de n'introduire certains des héros qu'au début de l'acte II. « Dans les tragédies à double intrigue, l'exposition est nécessairement double; et Racine est assez dans l'usage d'en réserver une partie pour le second acte » (Marmontel). En l'occurrence il reste au spectateur à faire connaissance avec Aricie, et au dramaturge à compléter et à compliquer les relations entre les protagonistes.

« La charmante Aricie. » La postérité n'a pas été tendre pour cette héroïne, pour deux raisons au moins : *a*) Phèdre et ses « fureurs » ont peu à peu fait pâlir le personnage ; *b*) l'évolution du goût, des mœurs, en un mot de la société, a conduit le public et la critique à beaucoup d'injustice à son égard : la pauvre Aricie devint une « médiocre princesse de boudoir » (P. Brisson), et son rôle parut « terne et décevant » (A. Niderst). Et pourtant elle avait tout pour « charmer » (au sens fort du terme) les contemporains de Racine : jeune, belle, cette princesse captive et humiliée ne pouvait qu'**attendrir** les spectateurs ; son orgueil, de race, la qualité de son amour (Tendre-sur-Estime) devaient **susciter l'admiration ;** sa victoire sur Hippolyte (et sur Thésée !) enchantait sans aucun doute tous les fervents du code de la galanterie précieuse. Rien cependant ne serait plus faux que de voir dans cette scène une habile concession aux conventions du jour, et le seul souci de plaire. Racine parvient à intégrer sans discordance les valeurs raffinées d'une élite intellectuelle et mondaine à son univers tragique. Le rôle et le personnage d'Aricie fournissent en effet au **pathétique,** d'abord parce que la naissance de l'amour est émouvante dans un cœur novice, parce qu'ensuite cet amour est aussi une passion tyrannique qui a « enchanté » un être malgré lui, et peut-être le fait, le fera souffrir, parce qu'enfin le spectateur sait ou pressent que ce bonheur qui point est déjà condamné.

Quelle Aricie? J.-L. Barrault la voit ainsi : « Si son teint est clair, son visage est énergique. Certes elle est jeune et surtout en elle, tout appartient au printemps. Mais c'est une vierge qui annonce un rare tempérament de femme. Toutes ces nuances, évidemment, sont teintées de l'enthousiasme mais aussi de la gravité de la jeunesse. Ce qui caractérise un être jeune, c'est son sérieux en toutes choses et surtout vis-à-vis des choses qu'il imagine. »

1. ***L'entracte*** *n'est jamais dans la dramaturgie classique un temps mort; il doit être rempli par une action invisible mais nécessaire, qui doit être rapportée aux spectateurs; c'est pourquoi le début d'un acte a souvent la forme d'*__*une conversation déjà engagée.*__ *Que s'est-il passé pendant l'entracte?*

2. *Faites une* **étude thématique et stylistique** *précise de la longue tirade (ou du « récitatif ») d'Aricie (v. 415-462) : en quoi cette partie de la scène rappelle-t-elle des effets observés dans les scènes précédentes? En quoi le personnage d'Aricie est-il au fond semblable à ceux d'Hippolyte et de Phèdre?*

3. *Appréciez le rôle d'*__*Ismène*__ *dans cette scène, à la lumière de ce que dit J.-L. Barrault de la confidente : « La véritable jeunesse d'Aricie, c'est Ismène qui la traduit... C'est le double ensoleillé d'Aricie. »*

Scène II

HIPPOLYTE, ARICIE, ISMÈNE

HIPPOLYTE. — Madame, avant que de partir,
J'ai cru de votre sort vous devoir avertir.
Mon père ne vit plus. Ma juste[1] défiance
Présageait les raisons de sa trop longue absence :
La mort seule bornant ses travaux[2] éclatants
Pouvait à l'univers le cacher si longtemps.
Les dieux livrent enfin à la Parque homicide*
L'ami, le compagnon, le successeur d'Alcide.
Je crois que votre haine, épargnant ses vertus,
Écoute sans regret[3] ces noms qui lui sont dus.
Un espoir adoucit ma tristesse mortelle :
Je puis vous affranchir d'une austère[4] tutelle.

1. Légitime. — 2. Exploits; au sens premier « entreprises périlleuses » (cf. l'expression : « les douze travaux d'Hercule »). — 3. Déplaisir, mécontentement. — 4. Rude, sévère.

Je révoque des lois dont j'ai plaint[5] la rigueur.
Vous pouvez disposer de vous, de votre cœur,
Et dans cette Trézène, aujourd'hui mon partage.
De mon aïeul Pitthée* autrefois l'héritage,
Qui m'a sans balancer[6] reconnu pour son roi,
Je vous laisse aussi libre et plus libre que moi.

ARICIE. – Modérez des bontés dont l'excès m'embarrasse.
D'un soin[7] si généreux honorer ma disgrâce,
Seigneur, c'est me ranger, plus que vous ne pensez,
Sous ces austères lois dont vous me dispensez.

HIPPOLYTE. – Du choix d'un successeur Athènes incertaine,
Parle de vous, me nomme, et le fils de la reine.

ARICIE. – De moi, Seigneur?

HIPPOLYTE. – Je sais, sans vouloir me flatter,
Qu'une superbe loi semble me rejeter :
La Grèce me reproche une mère étrangère.
Mais si pour concurrent je n'avais que mon frère[8],
Madame, j'ai sur lui de véritables droits,
Que je saurais sauver du caprice des lois.
Un frein plus légitime arrête mon audace :
Je vous cède, ou plutôt je vous rends une place,
Un sceptre que jadis vos aïeux ont reçu
De ce fameux mortel que la terre a conçu.
L'adoption le mit entre les mains d'Égée*.
Athènes, par mon père accrue et protégée,
Reconnut avec joie un roi si généreux*,
Et laissa dans l'oubli vos frères malheureux.
Athènes dans ses murs maintenant vous rappelle.
Assez elle a gémi d'une longue querelle,
Assez dans ses sillons votre sang englouti
A fait fumer le champ dont il était sorti.
Trézène m'obéit. Les campagnes de Crète
Offrent au fils de Phèdre une riche retraite.
L'Attique est votre bien. Je pars, et vais pour vous
Réunir tous les vœux partagés entre nous.

5. Déploré (en parlant d'un chose désagréable). – 6. Hésiter. – 7. Sollicitude. – 8. Demi-frère.

ARICIE. – De tout ce que j'entends étonnée et confuse[9],
Je crains presque, je crains qu'un songe ne m'abuse.
Veillé-je? Puis-je croire[10] un semblable dessein?
Quel dieu, Seigneur, quel dieu l'a mis dans votre sein?
Qu'à bon droit votre gloire en tous lieux est semée!
Et que la vérité passe[11] la renommée!
Vous-même, en ma faveur, vous voulez vous trahir!
N'était-ce pas assez de ne me point haïr?
Et d'avoir si longtemps pu défendre votre âme
De cette inimitié...

HIPPOLYTE. – Moi, vous haïr, Madame?
Avec quelques couleurs qu'on ait peint[12] ma fierté,
Croit-on que dans ses flancs un monstre m'ait porté?
Quelles sauvages mœurs, quelle haine endurcie
Pourrait[13], en vous voyant, n'être point adoucie?
Ai-je pu résister au charme décevant[14]...

ARICIE. – Quoi, Seigneur?

HIPPOLYTE. – Je me suis engagé trop avant.
Je vois que la raison cède à la violence[15].

9. La confusion, ce peut être au XVIIe siècle un trouble profond, un véritable bouleversement. – 10. Regarder comme digne de foi. – 11. Dépasse. – 12. Dépeint. – 13. Accord du verbe, comme en latin, avec le sujet le plus proche. – 14. « Trompeur » (sens de l'époque, sans idée de douce illusion détruite). – 15. De mon amour.

*** v. 469. Les Parques** étaient à Rome les divinités du Destin; on les représentait comme des fileuses, mesurant à leur gré la vie des hommes : la première sœur présidait à la naissance, la seconde au mariage, la troisième (« la Parque homicide ») à la mort. On les appelait tantôt « les trois Destinées », tantôt « les Parques », c'est-à-dire « celles qui épargnent » (euphémisme prudent!).
*** v. 478. Pitthée** était roi de Trézène et excellent devin : ayant interprété l'oracle qui promettait à Égée un fils valeureux, il s'arrangea pour lui faire passer une nuit avec sa propre fille Aethra, et devint ainsi le grand-père de Thésée, qu'il éleva. Sa réputation de sagesse était telle qu'on lui confia aussi l'éducation de son arrière-petit-fils, Hippolyte.
*** v. 497.** Érechtée avait eu pour descendant Pandion, qui devint à son tour roi d'Athènes et engendra deux fils, Pallas et Égée. Fille de Pallas, Aricie a autant de droits qu'Hippolyte et le fils de Phèdre à la succession de Thésée, et même des droits plus authentiques puisque une autre tradition, suivie par Racine, faisait d'Égée, le père de Thésée, un enfant adoptif de Pandion. Lorsque les Pallantides se révoltèrent, ils ne firent que revendiquer un trône plus ou moins usurpé.
*** v. 499.** Lorsque Thésée prit le pouvoir à Athènes, son premier acte fut de réaliser le « synœcisme », c'est-à-dire de réunir en une seule cité les habitants de l'Attique, disséminés jusque-là dans les campagnes. Athènes devint ainsi la capitale d'un véritable État. Le héros la dota de ses organismes politiques essentiels, institua la fête des « Panathénées », battit monnaie, instaura dans ses grandes lignes la fameuse démocratie athénienne, etc.

Puisque j'ai commencé de rompre le silence,
Madame, il faut poursuivre, il faut vous informer
D'un secret que mon cœur ne peut plus renfermer.
Vous voyez devant vous un prince déplorable,
D'un téméraire orgueil exemple mémorable.
Moi qui, contre l'amour fièrement révolté,
Aux fers de ses captifs ai longtemps insulté,
Qui des faibles mortels déplorant les naufrages,
Pensais toujours du bord contempler les orages,
Asservi maintenant sous la commune loi,
Par quel trouble me vois-je emporté loin de moi?
Un moment a vaincu mon audace imprudente;
Cette âme si superbe est enfin dépendante.
Depuis près de six mois, honteux, désespéré,
Portant partout le trait[16] dont je suis déchiré,
Contre vous, contre moi vainement je m'éprouve[17] :
Présente, je vous fuis, absente, je vous trouve;
Dans le fond des forêts votre image me suit;
La lumière du jour, les ombres de la nuit,
Tout retrace à mes yeux les charmes[18] que j'évite;
Tout vous livre à l'envi le rebelle Hippolyte.
Moi-même, pour tout fruit de mes soins superflus,
Maintenant je me cherche et ne me trouve plus.
Mon arc, mes javelots, mon char, tout m'importune;
Je ne me souviens plus des leçons de Neptune;
Mes seuls gémissements font retentir les bois,
Et mes coursiers oisifs ont oublié ma voix.
Peut-être le récit d'un amour si sauvage
Vous fait en m'écoutant rougir de votre ouvrage.
D'un cœur qui s'offre à vous quel farouche entretien!
Quel étrange captif pour un si beau lien!
Mais l'offrande à vos yeux en doit être plus chère.
Songez que je vous parle une langue étrangère,
Et ne rejetez pas des vœux mal exprimés
Qu'Hippolyte sans vous n'aurait jamais formés.

---

16. La flèche du dieu de l'amour, Éros (Cupidon). – **17.** Je me mets à l'épreuve. – **18.** Le mot a ici son sens moderne, mais les « charmes » se distinguent des « appas », en ce qu'ils désignent toujours, selon Ménage, des « beautés qui agissent par une vertu occulte et magique ».

Guide d'analyse

Une scène « à haute tension ». Une grande scène classique est conçue – ainsi que la pièce tout entière – comme un crescendo vers un sommet : elle a une montée vers une émotion, vers une explosion. Ce schéma dynamique est particulièrement approprié aux situations dans lesquelles les personnages commencent par se contraindre puis passent « peu à peu de la dissimulation à la franchise et de la convention à la vérité » (J. Schérer). Tel est le cas dans cette scène où l'on voit Hippolyte se conduire en présence d'Aricie d'abord comme **un roi,** et parler politique, pour n'être plus ensuite qu'**un amant** *« déplorable »*, rendant les armes à celle qui l'a vaincu et qui est parvenue à lui arracher son secret.

La politique... Miroir d'une société aristocratique et monarchique, la tragédie ne montrait que les Grands de ce monde et évoquait inévitablement de graves problèmes politiques : elle trouvait là sa grandeur et le sûr moyen de susciter l'intérêt du public. Pour Racine comme pour les spectateurs, quoi de plus important par exemple que **le problème d'une succession royale,** engageant le sort de l'État, du pays et des individus ? Hippolyte parle et agit ici en prince libre de ses décisions, mûri par l'épreuve et la nécessité, responsable : il entend régler au mieux la querelle successorale ouverte par la mort de Thésée. De plus il se comporte en *« généreux »* : oubliant les haines passées, soucieux de réparer les torts anciens et de restaurer le pouvoir légitime, il offre la couronne d'Athènes à la fille de Pallas. Racine retrouve-t-il pour autant le sublime cornélien qui faisait frissonner d'admiration les âmes d'élite ?

... et/ou l'amour. Le fils de Thésée se conduit en fait comme sa veuve : il adopte à l'égard d'Aricie une noble conduite seulement parce qu'il l'aime ; la « raison » – qui serait de ne considérer que l'intérêt dynastique, ou le sien propre – cède à la passion. Comme Phèdre, Hippolyte, contraint de se démasquer, lutte et souffre dans cette scène qui consacre définitivement son **revirement,** son **reniement :** « le héros frappé tient dans une perception déchirante l'état ancien dont il est dépossédé et l'état nouveau qui lui est assigné. En fait, une fois de plus, comme dans la division, la conscience de vie n'est autre que la conscience du revirement : être, c'est non seulement être divisé, mais c'est être retourné » (R. Barthes) ; et la péripétie psychologique est ici déchéance et chute. Le chaste héros, le roi libérant l'esclave Aricie, n'est plus qu'un amant « rongé par le désir » (J.-L. Barrault applique cette expression à Aricie), venu demander, quémander l'amour de celle qui est dans le langage du temps sa « maîtresse ».

1. *Analysez le* ***mouvement de la scène :*** *quels mots déjà dans le discours politique d'Hippolyte prêtent à équivoque ? Quels mots dans la bouche d'Aricie provoquent l'aveu ? Comment justifier la répartition inégale des répliques dans cette scène, que l'auteur prête de longs discours à Hippolyte et de brèves réponses à Aricie ?*

2. *La tirade d'Hippolyte (v. 524-560) est à coup sûr un morceau de bravoure : étudiez-en la rhétorique plaintive, les accents pathétiques, le lyrisme qui en fait* ***un récitatif*** *(groupements de vers, rythmes, sonorités) ; appréciez plus particulièrement quelques beaux vers : 542, 546, 548, 549, 551, etc. (soyez attentifs à leurs musiques différentes, aux jeux variés des voyelles).*

3. *On a reconnu dans Hippolyte* ***« un double affaibli de Phèdre »*** *(P. Bénichou) : comparez son récitatif à celui de Phèdre (acte I, scène III, v. 269-316) du point de vue des thèmes et des effets.*

Scène III

HIPPOLYTE, ARICIE, THÉRAMÈNE, ISMÈNE

THÉRAMÈNE. – Seigneur, la reine vient, et je l'ai devancée.
Elle vous cherche.

HIPPOLYTE. – Moi ?

THÉRAMÈNE. – J'ignore sa pensée.
Mais on vous est venu demander de sa part.
Phèdre veut vous parler avant votre départ.

HIPPOLYTE. – Phèdre ? Que lui dirai-je ? Et que peut-elle attendre...

ARICIE. – Seigneur, vous ne pouvez refuser de l'entendre.
Quoique trop convaincu de son inimitié,
Vous devez à ses pleurs quelque ombre de pitié.

HIPPOLYTE. – Cependant[1] vous sortez, et je pars, et j'ignore
Si je n'offense point les charmes que j'adore.
J'ignore si ce cœur que je laisse en vos mains...

ARICIE. – Partez, Prince, et suivez vos généreux desseins :
Rendez de mon pouvoir Athènes tributaire[2],
J'accepte tous les dons que vous me voulez faire ;
Mais cet empire enfin si grand, si glorieux,
N'est pas de vos présents le plus cher à mes yeux.

Scène IV

HIPPOLYTE, THÉRAMÈNE

HIPPOLYTE. – Ami, tout est-il prêt ? Mais la reine s'avance.
Va, que pour le départ tout s'arme en diligence.
Fais donner le signal, cours, ordonne et revien[3]
Me délivrer bientôt d'un fâcheux[4] entretien.

1. Pendant ce temps-là. – **2.** Sens propre : « qui paie un tribut », puis « assujetti à un pouvoir ». – **3.** Orthographe satisfaisant à la rime. – **4.** Qui ennuie, importune.

Guide d'analyse – Scènes III et IV

Deux scènes d'action. Courtes, situées habilement entre des scènes amples et toutes d'émotion, celles-ci accélèrent la progression dramatique. La troisième est ce que d'Aubignac appelle une « **scène d'éclaircissement,** quand elle ôte quelque confusion à ce qui précède » : elle révèle en effet à Hippolyte que son amour est partagé puisque ses deux derniers vers contiennent l'aveu d'Aricie à celui qu'elle aime. La quatrième est une « **scène de nécessité,** quand elle précède ce qui suit », c'est-à-dire qu'elle prépare l'importante scène suivante. Le même critique reconnaissait que ces sortes de scènes risquaient de faire « languir le théâtre ». Cependant Racine avec un art consommé les rehausse d'un puissant intérêt.

Le bonheur menacé. « Nous sommes au point le plus lumineux de la tragédie. Nous vivons les quelques secondes où le bonheur pouvait être possible » (J.-L. Barrault). La joie intérieure d'Aricie est immense, et elle s'est à son tour déclarée ; l'exaltation d'Hippolyte est extrême : il sait, et il vole désormais vers la réalisation de ses vœux les plus chers, vers le bonheur commun. Mais les deux scènes sont encadrées par des répliques qui évoquent et soulignent la lente et dangereuse approche de Phèdre ; la savante composition de la pièce permet au spectateur – qui a déjà entendu l'aveu de Phèdre à sa confidente, qui connaît l'espoir nouveau de la reine – de goûter tout le pathétique de la situation, d'avoir pitié des amants menacés ou de l'héroïne ignorante. Quelle jouissance au fond que d'avoir le point de vue des dieux !

1. *Appréciez l'étrange façon pour un moderne dont Aricie* ***avoue son amour*** *à Hippolyte (v. 575-576).*

2. *En quoi dans ces deux scènes* ***l'entrée et la sortie*** *des personnages sont-elles nécessaires et vraisemblables ?*

3. *J.-L. Barrault parle d'un «* ***alexandrin d'action*** *qui est vif, clair, précis et rugueux », qui fait avancer l'action ; il le voit tout particulièrement dans la scène III de l'acte II : en quoi a-t-il raison ?*

Scène V

PHÈDRE, HIPPOLYTE, ŒNONE

PHÈDRE, *à ŒNONE.* – Le voici. Vers mon cœur tout mon sang se retire.
J'oublie, en le voyant, ce que je viens lui dire.

ŒNONE. – Souvenez-vous d'un fils qui n'espère qu'en vous.

L'aveu de Phèdre à Hippolyte (Comédie-Française, 1978. Ludmilla Mikaël est l'une des rares jeunes interprètes de Phèdre).

PHÈDRE. – On dit qu'un prompt départ vous éloigne de nous,
Seigneur. A vos douleurs je viens joindre mes larmes;
Je vous viens pour un fils expliquer[1] mes alarmes.
Mon fils n'a plus de père, et le jour n'est pas loin
Qui de ma mort encor[2] doit le rendre témoin.
Déjà mille ennemis attaquent son enfance;
Vous seul pouvez contre eux embrasser[3] sa défense.
Mais un secret remords agite mes esprits[4] :
Je crains d'avoir fermé votre oreille à ses cris;
Je tremble que sur lui votre juste colère
Ne poursuive bientôt une odieuse mère.

HIPPOLYTE. – Madame, je n'ai point des sentiments si bas.

PHÈDRE. – Quand vous me haïriez, je ne m'en plaindrais pas,
Seigneur. Vous m'avez vue attachée[5] à vous nuire;
Dans le fond de mon cœur vous ne pouviez pas lire.
A votre inimitié j'ai pris soin de m'offrir[6];
Aux bords[7] que j'habitais je n'ai pu vous souffrir;
En public, en secret, contre vous déclarée,
J'ai voulu par des mers* en[8] être séparée;
J'ai même défendu, par une expresse loi,
Qu'on osât prononcer votre nom devant moi.
Si pourtant à l'offense on mesure la peine,
Si la haine peut seule attirer votre haine,
Jamais femme ne fut plus digne de pitié,
Et moins digne, Seigneur, de votre inimitié.

HIPPOLYTE. – Des droits de ses enfants une mère jalouse[9]
Pardonne rarement au fils d'une autre épouse,
Madame, je le sais. Les soupçons importuns
Sont d'un second hymen les fruits les plus communs.
Tout autre aurait pour moi pris les mêmes ombrages[10],
Et j'en aurais peut-être essuyé plus d'outrages.

PHÈDRE. – Ah! Seigneur, que le ciel, j'ose ici l'attester,
De cette loi commune a voulu m'excepter!
Qu'un soin bien différent me trouble et me dévore!

1. Découvrir, faire connaître. – **2.** En plus. – **3.** Prendre à cœur une affaire, se charger de. – **4.** Mot souvent employé au pluriel, sans valeur particulière, à l'époque (= « mon esprit »). – **5.** Acharnée à. – **6.** M'exposer. – **7.** Sur les bords. – **8.** De vous : « en » peut, au XVIIe siècle, s'appliquer à une personne. – **9.** Attachée à, soucieuse de... . – **10.** On dit aujourd'hui : « prendre ombrage de ».

HIPPOLYTE. – Madame, il n'est pas temps de vous troubler encore.
Peut-être votre époux voit encore le jour;
Le ciel peut à nos pleurs accorder son retour.
Neptune le protège, et ce dieu tutélaire[11]
Ne sera pas en vain imploré par mon père.

PHÈDRE. – On ne voit point deux fois le rivage des morts,
Seigneur. Puisque Thésée a vu les sombres bords,
En vain vous espérez qu'un dieu vous le renvoie,
Et l'avare[12] Achéron ne lâche point sa proie.
Que dis-je? Il n'est point mort, puisqu'il respire en vous.
Toujours devant mes yeux je crois voir mon époux.
Je le vois, je lui parle, et mon cœur... je m'égare,
Seigneur; ma folle ardeur malgré moi se déclare.

HIPPOLYTE. – Je vois de votre amour l'effet prodigieux.
Tout mort qu'il est, Thésée est présent à vos yeux,
Toujours de son amour votre âme est embrasée.

PHÈDRE. – Oui, Prince, je languis[13], je brûle pour Thésée.
Je l'aime, non point tel que l'ont vu les enfers,
Volage adorateur de mille objets[14] divers,
Qui va du dieu des morts déshonorer la couche,
Mais fidèle, mais fier, et même un peu farouche,
Charmant, jeune, traînant[15] tous les cœurs après soi[16],
Tel qu'on dépeint nos dieux, ou tel que je vous voi.
Il avait votre port[17], vos yeux, votre langage,
Cette noble pudeur[18] colorait son visage
Lorsque de notre Crète il traversa les flots,
Digne sujet des vœux des filles de Minos.
Que faisiez-vous alors? Pourquoi, sans Hippolyte,
Des héros de la Grèce assembla-t-il l'élite*?
Pourquoi, trop jeune encor, ne pûtes-vous alors
Entrer dans le vaisseau qui le mit sur nos bords?
Par vous aurait péri le monstre de la Crète,
Malgré tous les détours de sa vaste retraite.

11. Qui protège. – **12.** Sens premier : avide, insatiable, sans idée d'avarice. – **13.** Subir des souffrances physiques et/ou morales (spécialement « languir d'amour »). – **14.** Se dit, poétiquement, à l'époque, des personnes aimées. – **15.** Entraînant. – **16.** Cet emploi du réfléchi est incorrect de nos jours. – **17.** Allure, maintien, démarche. – **18.** Confusion, mais aussi modestie.

Pour en développer[19] l'embarras incertain[20],
Ma sœur du fil fatal eût armé votre main*.
Mais non, dans ce dessein je l'aurais devancée :
L'amour m'en eût d'abord inspiré la pensée.
C'est moi, Prince, c'est moi, dont l'utile secours
Vous eût du Labyrinthe enseigné les détours.
Que de soins[21] m'eût coûtés cette tête charmante!
Un fil n'eût point assez rassuré votre amante :
Compagne du péril qu'il vous fallait chercher,
Moi-même devant vous j'aurais voulu marcher,
Et Phèdre au Labyrinthe avec vous descendue
Se serait avec vous retrouvée ou perdue.

HIPPOLYTE. – Dieux! qu'est-ce que j'entends? Madame, oubliez-vous
Que Thésée est mon père, et qu'il est votre époux?

PHÈDRE. – Et sur quoi jugez-vous que j'en perds la mémoire,
Prince? Aurais-je perdu tout le soin de ma gloire?

HIPPOLYTE. – Madame, pardonnez. J'avoue, en rougissant,
Que j'accusais à tort un discours innocent.
Ma honte ne peut plus soutenir votre vue,
Et je vais...

PHÈDRE. – Ah! cruel, tu m'as trop entendue[22]!
Je t'en ai dit assez pour te tirer d'erreur.
Eh bien! connais donc Phèdre et toute sa fureur.

---

19. Débrouiller. – **20.** Les obstacles inextricables et obscurs. – **21.** Au pluriel, le mot a son sens moderne : « attentions, marques d'attachement », etc. – **22.** Tu m'as trop bien comprise.

*** v. 602.** Trézène, sur la côte est du Péloponnèse, n'est séparée de l'Attique que par la mer Égée : le pluriel est ici emphatique.
*** v. 646.** En fait Thésée était le seul héros à partir en Crète, avec les sept jeunes gens et les sept jeunes filles promis en pâture au Minotaure. Phèdre confond, peut-être volontairement, cette première expédition de Thésée avec celle des Argonautes, à laquelle participa toute l'élite de la Grèce, dont, selon certaines légendes, le héros de l'Attique.
*** v. 652.** La ruse imaginée par Ariane pour sortir du Labyrinthe – ce palais aux couloirs compliqués construit par Dédale, l'architecte ordinaire du roi Minos – était fort simple : elle donna à Thésée un peloton de fil que le héros prit soin de dérouler en s'enfonçant dans la demeure du Minotaure, et qu'il n'eut plus qu'à suivre en faisant le chemin inverse, après avoir tué le monstre. Ce fil était « fatal » puisque de lui dépendaient les destinées de trois personnages, Thésée victorieux, le Minotaure mis à mort, et Ariane abandonnée.

J'aime. Ne pense pas qu'au moment que[23] je t'aime,
Innocente à mes yeux, je m'approuve moi-même,
Ni que du fol amour qui trouble ma raison,
Ma lâche complaisance ait nourri le poison.
Objet infortuné des vengeances célestes,
Je m'abhorre[24] encor plus que tu ne me détestes.
Les dieux m'en sont témoins, ces dieux qui dans mon [flanc
Ont allumé le feu fatal à tout mon sang;
Ces dieux qui se sont fait une gloire cruelle
De séduire[25] le cœur d'une faible mortelle.
Toi-même en ton esprit rappelle le passé.
C'est peu de t'avoir fui, cruel, je t'ai chassé :
J'ai voulu te paraître odieuse, inhumaine,
Pour mieux te résister, j'ai recherché ta haine.
De quoi m'ont profité mes inutiles soins?
Tu me haïssais plus, je ne t'aimais pas moins.
Tes malheurs te prêtaient encor de nouveaux charmes.
J'ai langui, j'ai séché, dans les feux, dans les larmes.
Il suffit de tes yeux pour t'en persuader,
Si tes yeux un moment pouvaient me regarder.
Que dis-je? Cet aveu que je te viens de faire,
Cet aveu si honteux, le crois-tu volontaire?
Tremblante pour un fils que je n'osais trahir[26],
Je te venais prier de ne le point haïr.
Faibles projets d'un cœur trop plein de ce qu'il aime!
Hélas! je ne t'ai pu parler que de toi-même!
Venge-toi, punis-moi d'un odieux amour;
Digne fils du héros qui t'a donné le jour,
Délivre l'univers d'un monstre qui t'irrite.
La veuve de Thésée ose aimer Hippolyte!
Crois-moi, ce monstre[27] affreux ne doit point t'échapper.
Voilà mon cœur : c'est là que ta main doit frapper.
Impatient déjà d'expier son offense[28],
Au-devant de ton bras je le sens qui s'avance.

23. Au moment où. – **24.** Je me déteste, je me hais. – **25.** Égarer, induire en erreur (sans idée de charme attirant). – **26.** Abandonner, livrer à la discrétion de quelqu'un (sens étymologique). – **27.** Le mot désigne (sens étymologique) un être anormal, qui transgresse l'ordre de la nature (sans idée de laideur, ou de grosseur extraordinaire). – **28.** L'offense qu'il t'a faite.

Frappe. Ou si tu le crois indigne de tes coups,
Si ta haine m'envie[29] un supplice si doux,
Ou si d'un sang trop vil ta main serait[30] trempée,
Au défaut de ton bras prête-moi ton épée.
Donne*.

ŒNONE. – Que faites-vous, Madame? Justes dieux!
Mais on vient. Évitez des témoins odieux;
Venez, rentrez, fuyez une honte certaine.

---

29. Refuse, prive de. – **30.** Construction elliptique, si tu crois que ta main serait trempée...

*** v. 711.** Ici un jeu de scène important : Phèdre arrache son épée à Hippolyte pour s'en frapper elle-même. Le jeune homme, pétrifié, abasourdi par ce qu'il entend, n'a aucune réaction, et laisse la reine sortir avec son arme.

Guide d'analyse

Un théâtre cruel. Au théâtre, comme dans la société, une femme ne devait pas avouer son amour à un homme; si elle s'y résignait, avec honte, il lui fallait observer au moins trois étapes : l'aveu à une confidente, puis celui que, surmontant la pudeur, elle faisait à l'homme aimé, celui enfin, plus dur encore, à des tiers; on retrouve cette prudente progression dans *Phèdre.* De façon plus générale les comportements et les discours relevant de la sensualité (de la sexualité) subissaient la même censure. La cruauté, c'est-à-dire la **hardiesse,** la **violence** du théâtre racinien n'en sont que plus remarquables : la scène où l'héroïne avouait son amour à Œnone n'était déjà pas sans audaces. Racine va plus loin ici en empruntant à Sénèque la scène qu'Euripide avait évitée, celle où l'on voit une femme déclarer sa passion à un homme qui la dédaigne; comme cette passion était par ailleurs adultère et incestueuse, on voit que la **transgression** du code des bienséances morales et mondaines était double ou triple. Les contemporains trouvaient, paraît-il, cette partie de la pièce « trop remplie d'amour, de fureur et d'effronterie » (Subligny).

La cruauté de l'amour. Au vrai cette gêne venait de ce que la scène révélait, allant ainsi à l'encontre de l'amour à la mode, fait de galanterie mondaine et de sociabilité, « le scandale des instincts » (P. Bénichou), **la force incontrôlable du désir amoureux.** Un premier mouvement est fait des vains efforts de Phèdre pour maîtriser son cœur et son corps : reine, veuve, et mère, elle vient intercéder pour son fils et demander l'appui d'un rival politique dangereux; mais le ton officiel se brise peu à peu, des mots à double sens, des allusions involontaires échappent à la malheureuse jusqu'à un premier aveu, un premier cri. La honte, le remords, l'attitude glacée de l'autre peuvent bien imposer à cette déclaration un tour fantasmatique, la vérité enfin éclate : un deuxième mouvement ne montre plus que *« Phèdre et toute sa fureur »;* une femme se déchaîne jusqu'au paroxysme final et au geste désespéré, qui confèrent à la fin de la scène une intensité dramatique et pathétique presque insoutenable.

La scène érotique et onirique. L'un des passages les plus envoûtants de cette scène est le moment où Phèdre tente de vivre et de satisfaire son amour en confondant Hippolyte et Thésée dans le même rêve halluciné, dans une sorte de transe aussi dramatique que pathétique et poétique. C'est bien sûr le mécanisme même du **fantasme** (que le XVIIe siècle définissait en disant que « l'image tient lieu de la chose »). « La reine voudrait qu'Hippolyte soit son mari et qu'il l'aime. Comme la réalité lui refuse cette double satisfaction, elle crée, par une série de glissements imaginaires où Hippolyte remplace Thésée et où elle-même remplace Ariane, une fable lui procurant exactement la situation qu'elle désire » (J. Schérer). Ce récitatif révèle encore la profonde **solitude** de l'amour racinien qui ne peut s'exprimer qu'à travers le récit, dans le trésor trompeur du langage.

1. *Étudiez dans cette scène le cheminement, les hésitations et les fluctuations de* ***l'aveu ;*** *la profonde et pathétique* ***ambiguïté*** *d'une déclaration d'amour qui est aussi une confession ou un plaidoyer; appréciez également* ***la force de séduction*** *de Phèdre, le « charme » des mots, des rythmes et des sonorités.*

2. *Quel rôle exact joue ici* ***Hippolyte ?*** *Comment comprendre que son attitude ait paru si équivoque qu'on l'a trouvé aussi « puritain » que pur (J.-L. Barrault), ou au contraire « tenté » (P. Claudel) ?*

3. *En quoi les deux tirades de Phèdre pourraient-elles donner une idée suffisante de* ***la poésie de Racine ?*** *Vous étudierez notamment la scène onirique en vous guidant sur ces propos de R. Barthes : « Ce qui frappe dans le fantasme racinien (et qui est sa grande beauté), c'est son aspect plastique »; le critique y reconnaît un véritable « tableau », composé selon les normes de la peinture. Sur un plan plus général, vous essaierez de donner un contenu précis à l'expression* ***« poète de théâtre »,*** *couramment employée au XVIIe siècle, en vous servant de cette scène V de l'acte II et de la scène III de l'acte I.*

Scène VI

HIPPOLYTE, THÉRAMÈNE

THÉRAMÈNE. – Est-ce Phèdre qui fuit, ou plutôt qu'on entraîne?
Pourquoi, Seigneur, pourquoi ces marques de [douleur?
Je vous vois sans épée, interdit[1], sans couleur?

HIPPOLYTE. – Théramène, fuyons. Ma surprise est extrême.
Je ne puis sans horreur me regarder moi-même.
Phèdre... Mais non, grands dieux! qu'en un profond [oubli
Cet horrible secret demeure enseveli.

THÉRAMÈNE. – Si vous voulez partir, la voile[2] est préparée.
Mais Athènes, Seigneur, s'est déjà déclarée;
Ses chefs ont pris les voix de toutes ses tribus[3] :
Votre frère l'emporte, et Phèdre a le dessus.

HIPPOLYTE. – Phèdre?

THÉRAMÈNE. – Un héraut[4] chargé des volontés d'Athènes
De l'État en ses mains vient remettre les rênes.
Son fils est roi, Seigneur.

HIPPOLYTE. – Dieux, qui la connaissez,
Est-ce donc sa vertu que vous récompensez?

THÉRAMÈNE. – Cependant un bruit sourd veut que le roi respire.
On prétend que Thésée a paru dans l'Épire.
Mais moi, qui l'y cherchai, Seigneur, je sais trop [bien...

HIPPOLYTE. – N'importe, écoutons tout et ne négligeons rien.
Examinons ce bruit, remontons à sa source;
S'il ne mérite pas d'interrompre ma course[5],
Partons; et quelque prix qu'il en puisse coûter,
Mettons le sceptre aux mains dignes de le porter.

1. Confondu, stupéfait. – 2. = le navire (synecdoque : figure de style qui consiste à désigner le tout par la partie). – 3. Unités politiques, religieuses et morales d'Athènes. – 4. Messager, annonciateur (autrefois les fonctions du « héraut d'armes » étaient de transmettre les messages officiels). – 5. Expédition, voyage (sur terre comme sur mer).

Guide d'analyse

Un mouvement de fuite. Dans la tragédie classique, « toutes les scènes doivent être dynamiques, mais les dernières de chaque acte doivent l'être encore plus, pour permettre de franchir le temps mort de l'entracte » (J. Schérer). **L'affolement** est général en cette fin de l'acte II : c'est la fuite désordonnée de Phèdre, entraînée par Œnone, c'est la stupeur d'Hippolyte qui ne se ressaisit que pour précipiter le départ et bondir hors de la scène, suivi par Théramène. Deux nouvelles menaçantes ne font qu'accroître la tension dramatique, et l'agitation des personnages, et l'inquiétude du spectateur : le choix politique d'Athènes renverse tous les plans des deux amants, le *« bruit sourd »,* qui veut que Thésée soit vivant, ne peut qu'être lourd de conséquences funestes pour tous ceux qui ont trahi le roi. « Les personnages se sont déclarés, enflammés, les jeux sont faits, le palais brûle. En dépit de toute pudeur, la passion a été la plus forte. Que peuvent faire maintenant les héros?... » (J.-L. Barrault).

1. *Relevez tous les* ***mots,*** *tous les* ***procédés*** *qui indiquent que la scène doit être menée « tambour battant » (J.-L. Barrault).*

2. ***« Cet horrible secret » :*** *plusieurs motifs peuvent être invoqués pour justifier le silence d'Hippolyte : lesquels? Reportez-vous à l'étude psychocritique (introduction de l'acte IV).*

3. ***L'arrivée de Théramène*** *n'est nullement inopinée; cherchez dans ce qui précède la scène ou les vers qui la rendent nécessaire et plausible.*

Documentation, essais, recherches

1. Les couples d'amants. Dans le théâtre racinien ils sont à la fois semblables et différents, d'une pièce à l'autre : rapprochez les couples successifs de Britannicus et Junie *(Britannicus)* de Bajazet et Atalide *(Bajazet),* de Monime et Xipharès *(Mithridate),* d'Iphigénie et Achille *(Iphigénie),* d'Hippolyte et Aricie enfin ; étudiez-les comme éléments d'une architecture, d'une harmonie dramatiques variant d'œuvre en œuvre.

2. Le solitaire. Comparez d'une tragédie à l'autre les héros qui aiment et qui sont refusés : Oreste ou Hermione ou Pyrrhus dans *Andromaque,* Antiochus dans *Bérénice,* Mithridate dans la pièce qui porte son nom, Ériphile dans *Iphigénie,* Roxane dans *Bajazet,* Néron dans *Britannicus,* et Phèdre.

3. La peinture de la passion. Appréciez en rapprochant les deux groupes de personnages les traits permanents et les variations de l'« Éros » racinien, tantôt « sororal », tantôt morbide, tantôt tendre, tantôt forcené, etc. Peut-on dire qu'« au sein des plus belles tendresses, se devine toujours l'amour-propre, et rôde la menace de la concupiscence égoïste et parfois furieuse » (A. Niderst) ?

4. La scène onirique et érotique. C'est une constante du théâtre racinien : « Le tragique qui ne peut pas se dire se dit par la scène onirique » (J. Schérer) : comparez l'évocation de la prise de Troie par Andromaque (*Andromaque,* Acte III, sc. 8), celle de l'arrestation de Junie par Néron (*Britannicus,* Acte II, sc. 2), les rêveries de Bérénice (*Bérénice,* Acte II, sc. 1), d'Ériphile (*Iphigénie,* Acte II, sc. 2), etc. Étudiez dans ces images du choix impossible aussi bien les ambiguïtés psychologiques que la beauté plastique.

5. Intertextualité. Rapprochez la longue scène de Racine où Phèdre déclare son amour à Hippolyte de la scène similaire dans la *Phèdre* de Sénèque (v. 589-718 ; cf. p. 152 ou l'édition des « Belles Lettres ») : vous étudierez tout ce qui sépare un théâtre expressionniste, de l'époque de Néron, et un théâtre classique, de la deuxième moitié du XVIIe siècle : le poète français, contrairement à son modèle, parvient à unir de façon harmonieuse, sans discordance, la violence et la beauté.

6. Essai. *Phèdre* est « une tragédie de l'accouchement » (R. Barthes) : justifiez le bien-fondé de cette surprenante définition.

7. Essai. « Ce que Racine exprime... c'est l'aliénation, ce n'est pas le désir » (du même critique) : commentez et discutez cette affirmation.

8. Essai. « Avec la transcendance, une exigence de poésie est inscrite dans l'essence même de la tragédie » (H. Gouhier) ; en quoi *Phèdre* surtout permet-elle de comprendre que Racine ait retrouvé le secret de la tragédie antique ?

9. Essai. « La destinée n'est qu'une étiquette accrochée aux passions » : peut-on souscrire sans réserve à cette formule d'un critique contemporain (J. Schérer) ?

ACTE III : COUP DE THÉÂTRE LE RETOUR DU ROI

La péripétie essentielle.

Au centre de l'acte, **le retour de Thésée :** ce « changement de fortune », comme on disait à l'époque, est un élément constitutif du nœud; c'est le véritable pivot du drame, le sommet au-delà duquel va se déployer jusqu'au dénouement funeste, le versant proprement tragique de la pièce. Cet événement assure définitivement l'unité d'action qui devient sans conteste cette « unité de péril » que Corneille réserve à la tragédie; les choses seront encore plus claires si l'on parle de « liaison des périls » (J. Schérer) : en effet Thésée, roi, époux, père et juge, est à lui seul **l'obstacle** aux désirs et aux projets de Phèdre d'une part, d'Hippolyte et d'Aricie d'autre part : il est leur commun danger. On comprend que Racine ait retardé ce retour jusqu'au troisième acte : cette introduction tardive a permis aux autres personnages de s'engager dans la **voie interdite;** comme ils ne pourront pas revenir sur leurs pas – tout choix étant impossible aux héros tragiques, divisés entre deux exigences antagonistes aussi fortes l'une que l'autre – la culpabilité, le dilemme, le remords vont devenir des réalités autrement plus écrasantes d'avoir été comme mises entre parenthèses, occultées quelques instants. Le conflit ira en s'exaspérant entre les personnages, les aspirations et les valeurs, et comme ce conflit est nécessairement insoluble dans l'univers tragique, la péripétie est forcément signe de malheur et de mort.

De funestes effets.

Plus encore que dans les actes précédents – et c'est la savante loi de la progression dramatique – les protagonistes sont enchevêtrés dans la faute et l'illusion, et leurs crimes, de latents qu'ils étaient, accèdent à une réalité objective qui ne pourra plus être dissimulée ou contrôlée, devenue tragiquement irréversible. Ainsi que toute la tragédie, l'acte est composé comme un diptyque, avec des **symétries significatives.** Autour du point médian qu'est le retour de Thésée, on retrouve les mêmes choix : Phèdre a opté pour son amour, Hippolyte également; les mêmes réactions devant le danger : d'abord **la fuite** (l'héroïne veut à nouveau mourir; le héros souhaite partir), puis un glissement identique à **la faute,** voire au crime : la persécution et la calomnie pour Phèdre, la quasi-rébellion contre le père pour Hippolyte. Il est tout à fait remarquable que si Racine a emprunté à Euripide l'idée de placer la péripétie essentielle au cœur de la pièce, il a refusé cependant de faire mourir, comme son prédécesseur, sa Phèdre avant même l'arrivée de

Thésée. Il a ainsi retardé, étiré la consommation du malheur jusqu'au dernier acte et si cette fois il imitait Sénèque, il a donné au calvaire de ses personnages une ordonnance et une logique affectives d'une rigueur et d'une intensité tragiques inconnues du latin.

La « Vénus d'Arles ».
« Implacable Vénus, suis-je assez confondue? » (v. 814).

Scène première

PHÈDRE, ŒNONE

PHÈDRE. – Ah! que l'on porte ailleurs les honneurs qu'on m'envoie.
Importune, peux-tu souhaiter qu'on me voie?
De quoi viens-tu flatter[1] mon esprit désolé?
Cache-moi bien plutôt; je n'ai que trop parlé.
Mes fureurs au-dehors ont osé se répandre :
J'ai dit ce que jamais on ne devait[2] entendre.
Ciel! comme il m'écoutait! Par combien de détours
L'insensible a longtemps éludé[3] mes discours!
Comme il ne respirait[4] qu'une retraite prompte!
Et combien sa rougeur a redoublé ma honte!
Pourquoi détournais-tu mon funeste dessein?
Hélas! quand son épée allait chercher mon sein,
A-t-il pâli pour moi? me l'a-t-il arrachée?
Il suffit que ma main l'ait une fois touchée,
Je l'ai rendue horrible à ses yeux inhumains,
Et ce fer malheureux profanerait ses mains.

ŒNONE. – Ainsi, dans vos malheurs, ne songeant qu'à vous plaindre,
Vous nourrissez un feu qu'il vous faudrait éteindre.
Ne vaudrait-il pas mieux, digne sang de Minos*,
Dans de plus nobles soins chercher votre repos,
Contre un ingrat qui plaît recourir à la fuite,
Régner, et de l'État embrasser la conduite?

PHÈDRE. – Moi, régner? Moi, ranger un État sous ma loi,
Quand ma faible raison ne règne plus sur moi?
Lorsque j'ai de mes sens abandonné l'empire[5]?
Quand sous un joug honteux à peine[6] je respire?
Quand je me meurs?

1. Caresser, apaiser et tromper tout à la fois. – **2.** Cet imparfait a comme en latin la valeur d'un conditionnel. – **3.** Évité. – **4.** Souhaitait ardemment (sens figuré). – **5.** Le contrôle. – **6.** L'expression peut avoir à l'époque son sens plein : « avec peine, difficulté. »

*** v. 755.** Le roi de Crète Minos passait pour avoir civilisé le premier les Crétois, pour leur avoir donné d'excellentes lois, et régné sur eux avec équité et douceur. Sa réputation de sagesse lui vaudra de devenir après sa mort, avec son frère Rhadamante et Eaque, le plus pieux de tous les Grecs, l'un des trois juges devant lesquels comparaissent aux Enfers les âmes des morts (cf. v. 1278 et sq.).

ŒNONE. – Fuyez.

PHÈDRE. – Je ne le puis quitter.

ŒNONE. – Vous l'osâtes bannir, vous n'osez l'éviter?

PHÈDRE. – Il n'est plus temps. Il sait mes ardeurs insensées.
De l'austère pudeur les bornes sont passées.
J'ai déclaré ma honte aux yeux de mon vainqueur,
Et l'espoir malgré moi s'est glissé dans mon cœur.
Toi-même rappelant ma force défaillante,
Et mon âme déjà sur mes lèvres errante,
Par tes conseils flatteurs tu m'as su ranimer;
Tu m'as fait entrevoir que je pouvais l'aimer.

ŒNONE. – Hélas! de vos malheurs innocente ou coupable,
De quoi pour vous sauver n'étais-je point capable?
Mais si jamais[7] l'offense irrita vos esprits,
Pouvez-vous d'un superbe oublier les mépris?
Avec quels yeux cruels sa rigueur obstinée
Vous laissait à ses pieds peu s'en faut prosternée!
Que son farouche orgueil le rendait odieux!
Que Phèdre en ce moment n'avait-elle mes yeux!

PHÈDRE. – Œnone, il peut quitter cet orgueil qui te blesse.
Nourri[8] dans les forêts, il en a la rudesse.
Hippolyte, endurci par de sauvages lois[9],
Entend parler d'amour pour la première fois;
Peut-être sa surprise a causé son silence,
Et nos plaintes peut-être ont trop de violence.

ŒNONE. – Songez qu'une barbare en son sein l'a formé.

PHÈDRE. – Quoique Scythe et barbare, elle a pourtant aimé.

ŒNONE. – Il a pour tout le sexe[10] une haine fatale[11].

PHÈDRE. – Je ne me verrai point préférer de rivale.
Enfin, tous ces conseils ne sont plus de saison :
Sers ma fureur, Œnone, et non point ma raison.
Il oppose à l'amour un cœur inaccessible;
Cherchons pour l'attaquer quelque endroit plus sensible.

---

7. Employé seul, le mot a un sens positif : un jour, quelquefois; on ne l'emploie plus guère que dans un contexte négatif (ne... jamais). – **8.** Instruit, élevé (sens figuré). – **9.** Ici « règles de vie ». – **10.** Employé seul, le mot désigne au XVIIe siècle le sexe féminin, « le beau sexe ». – **11.** Voulue par le destin, inévitable.

Les charmes d'un empire ont paru le toucher;
Athènes l'attirait, il n'a pu s'en cacher;
Déjà de ses vaisseaux la pointe[12] était tournée,
Et la voile flottait aux vents abandonnée.
Va trouver de ma part ce jeune ambitieux,
Œnone; fais briller la couronne à ses yeux.
Qu'il mette sur son front le sacré diadème;
Je ne veux que l'honneur de l'attacher moi-même.
Cédons-lui ce pouvoir que je ne puis garder.
Il instruira mon fils dans l'art de commander,
Peut-être il voudra bien lui tenir lieu de père.
Je mets sous son pouvoir et le fils et la mère.
Pour le fléchir enfin tente tous les moyens :
Tes discours trouveront plus d'accès que les miens;
Presse, pleure, gémis, plains-lui* Phèdre mourante,
Ne rougis point de prendre une voix suppliante.
Je t'avouerai de tout[13]; je n'espère qu'en toi.
Va : j'attends ton retour pour disposer de moi.

Scène II

PHÈDRE, *seule*

PHÈDRE. – O toi, qui vois la honte où je suis descendue,
Implacable Vénus, suis-je assez confondue?
Tu ne saurais pousser plus loin ta cruauté,
Ton triomphe est parfait[14], tous tes traits ont porté.
Cruelle, si tu veux une gloire nouvelle,
Attaque un ennemi qui te soit plus rebelle.
Hippolyte te fuit, et bravant ton courroux,
Jamais à tes autels n'a fléchi les genoux.
Ton nom semble offenser ses superbes oreilles.
Déesse, venge-toi; nos causes[15] sont pareilles.
Qu'il aime... Mais déjà tu reviens sur tes pas,
Œnone? On me déteste, on ne t'écoute pas.

---

12. La proue. – **13.** « Avouer » peut signifier : autoriser une chose, déclarer qu'on l'approuve, soit qu'elle ait été faite par notre ordre ou non (= J'endosserai la responsabilité de tout ce que tu feras). – **14.** Complètement fini, achevé (sens étymologique, sans idée de perfection ni de beauté accomplie). – **15.** Nos intérêts, nos partis.

*** Variante – v. 809** : « La leçon *"plains-lui"*, qui est celle de 1697, nous paraît préférable à celle des éditions précédentes, qui lui est généralement préférée : *"peins-lui ?"* » (Note de l'édition Morel-Viala).

Guide d'analyse – Scènes I et II

L'action tragique. La Phèdre d'Euripide se suicidait aussitôt après avoir vu son amour dédaigné par Hippolyte ; contre toute attente, dans la même situation, celle de Racine entreprend de surmonter cet obstacle qu'est l'indifférence de l'homme aimé et s'efforce de gagner le cœur qui lui est fermé. A Phèdre est donnée **la liberté :** *a)* **de choisir** entre les deux obligations qui constituent le dilemme tragique : l'héroïne refuse d'opter pour la « gloire », pour ses devoirs de reine, pour le renoncement héroïque ; *b)* **de ne pas persévérer** dans l'erreur passionnelle : l'amoureuse s'abandonne à l'espoir, et à ses *« ardeurs insensées » ; c)* **de quitter le lieu dangereux** pour la paix de l'âme : la reine repousse cette solution efficace que serait la fuite.
Cette liberté est nécessaire dans l'univers racinien pour qu'il y ait responsabilité et culpabilité ; et cette liberté n'est jamais utilisée par le héros que pour sa perte. De ce point de vue **la règle des trois unités** fonctionne comme **un piège infernal :** l'unité d'action, c'est-à-dire de péril, d'intérêt, force Phèdre à agir ; la limitation féroce du temps la contraint à passer rapidement de la honte et de la plainte à l'acte irréfléchi ; l'unité de lieu l'emprisonne et la livre sans échappatoire possible à la folie de ses sens. Phèdre renonce à mourir et décide de vivre, autrement dit d'agir ; au cœur de l'action, de la vie, il y a le malheur et la mort.

Œnone ou le double. Tout se passe ici comme si Racine transférait dans le personnage de la confidente une certaine part de Phèdre elle-même. Œnone incarne véritablement sur la scène la lucidité perdue de la reine, la dimension exigeante (et occultée) de la conscience, l'adaptation nécessaire (et ignorée) aux faits, en l'occurrence *« les mépris »* d'Hippolyte. « Étrangère à la ''libido amandi'' qui obsède Phèdre, elle représente **l'instinct de conservation...** Tournée vers la réalité, (...) elle a tiré la conclusion du fait nouveau que Phèdre nie : le refus d'Hippolyte. Il est redevenu pour elle le *''fier ennemi''*, l'odieux barbare. Elle propose à Phèdre la lutte politique, le règne remplaçant l'amour. Phèdre, incapable de se contrôler, ne voit dans la suggestion qu'un moyen de retrouver le contact avec Hippolyte, de se remettre à ses pieds, littéralement. Elle envoie donc Œnone, à sa place, recommencer la scène de l'acte II » (Ch. Mauron).

Un monologue pathétique... C'est l'une des formes convenues de la scène dans le théâtre classique ; c'est une tirade prononcée par un personnage seul. Les auteurs et les théoriciens ont fini par critiquer cette **convention,** jugée par trop invraisemblable et factice. Cependant Racine fait un emploi important de ce procédé : il tient compte des recommandations prodiguées en ne faisant ses monologues ni trop longs ni trop fréquents, en les utilisant à bon escient. Il n'y a pas d'invraisemblance à ce que le personnage qui échappe à ses interlocuteurs ou à des témoins se laisse aller aux élans de son cœur. La véritable fonction du monologue est bien de permettre **l'expression lyrique des sentiments.**

1. *Que s'est-il passé pendant* ***l'entracte ?*** *Appréciez de ce point de vue toutes les commodités de l'emploi des entractes dans la dramaturgie classique.*

2. *Et voilà Phèdre « repartie pour une troisième vague » (J.-L. Barrault) : dans* ***la tirade finale*** *(v. 790-812), faites la part de la rhétorique persuasive et du rêve éveillé ; analysez surtout l'emploi des verbes, la valeur des modes et des temps ; qu'est-ce qui fait pour le spectateur tout le* ***pathétique*** *de ce discours ?*

3. *Analysez dans* ***la prière de la reine*** *le mélange de honte et d'espoir, d'indignation et de flatterie ; les procédés persuasifs, l'élan rythmique, la brusque cassure, l'emploi enfin du « on ».*

4. *Appréciez l'évocation de* ***Vénus :*** *quelle image de la divinité surgit pour ainsi dire aux yeux des spectateurs ? Étudiez ici le singulier* ***langage de la prière.*** *Que peut signifier l'anthropomorphisme de la religion antique, ressuscitée ici ?*

Œnone, « la face noire de Phèdre » (Yvette Étiévant et Jacqueline Danno au théâtre Sarah-Bernhardt, 1967).

Scène III

PHÈDRE, ŒNONE

ŒNONE. – Il faut d'un vain amour étouffer la pensée,
Madame. Rappelez votre vertu passée :
Le roi, qu'on a cru mort, va paraître à vos yeux;
Thésée est arrivé, Thésée est en ces lieux.
Le peuple pour le voir court et se précipite.
Je sortais par votre ordre, et cherchais Hippolyte.
Lorsque jusques au ciel mille cris élancés[1]...

PHÈDRE. – Mon époux est vivant, Œnone, c'est assez.
J'ai fait l'indigne aveu d'un amour qui l'outrage;
Il vit; je ne veux pas en savoir davantage.

ŒNONE. – Quoi?

PHÈDRE. – Je te l'ai prédit, mais tu n'as pas voulu.
Sur mes justes remords tes pleurs ont prévalu.

1. Lancés avec force.

Je mourais ce matin digne d'être pleurée;
J'ai suivi tes conseils, je meurs déshonorée.

ŒNONE. – Vous mourez?

PHÈDRE. – Juste ciel! Qu'ai-je fait aujourd'hui?
Mon époux va paraître, et son fils avec lui.
Je verrai le témoin de ma flamme adultère
Observer de quel front[2] j'ose aborder son père,
Le cœur gros de soupirs qu'il n'a point écoutés,
L'œil humide de pleurs par l'ingrat rebutés.
Penses-tu que sensible à l'honneur de Thésée,
Il lui cache l'ardeur dont je suis embrasée?
Laissera-t-il trahir et son peuple et son roi?
Pourra-t-il contenir l'horreur qu'il a pour moi?
Il se tairait en vain. Je sais mes perfidies[3],
Œnone, et ne suis point de ces femmes hardies
Qui goûtant dans le crime une tranquille paix,
Ont su se faire un front qui ne rougit jamais.
Je connais mes fureurs, je les rappelle toutes[4].
Il me semble déjà que ces murs, que ces voûtes
Vont prendre la parole, et prêts à m'accuser,
Attendent mon époux pour le désabuser[5].
Mourons. De tant d'horreurs qu'un trépas me délivre.
Est-ce un malheur si grand que de cesser de vivre?
La mort aux malheureux ne cause point d'effroi;
Je ne crains que le nom[6] que je laisse après moi.
Pour mes tristes enfants quel affreux héritage!
Le sang de Jupiter* doit enfler leur courage[7];
Mais, quelque juste orgueil qu'inspire un sang si beau,
Le crime d'une mère est un pesant fardeau.
Je tremble qu'un discours, hélas! trop véritable,

2. Air, attitude en général, sans idée d'audace effrontée, d'impudence cynique. – 3. La perfidie est le manquement à la parole donnée, à la fidélité jurée (sens étymologique). – 4. A mon esprit. – 5. Le tirer de l'illusion qui l'abuse. – 6. Renom. – 7. Gonfler leur cœur d'orgueil.

*** v. 862.** Les enfants de Phèdre sont les descendants de Zeus (Jupiter) lui-même puisque Minos, le père de Phèdre, passait pour être le fils du roi des dieux et d'Europe, cette belle princesse tyrienne que Zeus approcha sous la forme d'un blanc taureau, qu'il enleva sur son dos et emporta jusqu'en Crète où il s'unit à elle.

Un jour ne leur reproche une mère coupable.
Je tremble qu'opprimés[8] de ce poids odieux
L'un ni l'autre jamais n'osent lever les yeux.

ŒNONE. – Il n'en faut point douter, je les plains l'un et l'autre;
Jamais crainte ne fut plus juste que la vôtre.
Mais à de tels affronts pourquoi les exposer?
Pourquoi contre vous-même allez-vous déposer[9] ?
C'en est fait : on dira que Phèdre, trop coupable,
De son époux trahi fuit l'aspect redoutable.
Hippolyte est heureux qu'aux dépens de vos jours
Vous-même en expirant appuyez[10] ses discours.
A votre accusateur que pourrai-je répondre?
Je serai devant lui trop facile à confondre.
De son triomphe affreux je le verrai jouir,
Et conter votre honte à qui voudra l'ouïr.
Ah! que plutôt du ciel la flamme me dévore!
Mais, ne me trompez point, vous est-il cher encore?
De quel œil voyez-vous ce prince audacieux?

PHÈDRE. – Je le vois comme un monstre effroyable à mes yeux.

ŒNONE. – Pourquoi donc lui céder une victoire entière?
Vous le craignez... Osez l'accuser la première
Du crime dont il peut vous charger aujourd'hui.
Qui[11] vous démentira? Tout parle contre lui :
Son épée en vos mains heureusement laissée,
Votre trouble présent, votre douleur[12] passée,
Son père par vos cris dès longtemps prévenu,
Et déjà son exil par vous-même obtenu.

PHÈDRE. – Moi, que j'ose opprimer et noircir l'innocence!

ŒNONE. – Mon zèle n'a besoin que de votre silence.
Tremblante comme vous, j'en sens quelques remords;
Vous me verriez plus prompte affronter mille morts.
Mais puisque je vous perds sans ce triste remède,
Votre vie est pour moi d'un prix à qui tout cède.
Je parlerai. Thésée, aigri[13] par mes avis[14],
Bornera sa vengeance à l'exil de son fils.

8. Accablés (sens étymologique). – 9. Comme en justice. – 10. Donnez du crédit à (indicatif régulier au XVIIe s.). – 11. Qu'est-ce qui vous démentira? « Qui » peut se rapporter à l'époque à une chose et équivaloir à « quoi »; cf. également le v. 898. – 12. Irritation, ressentiment. – 13. Sens plus fort à l'époque : exaspéré, irrité. – 14. Renseignements, avertissements.

Un père, en punissant, Madame, est toujours père.
Un supplice léger suffit à sa colère.
Mais le sang innocent dût-il être versé,
Que ne demande point votre honneur menacé ?
C'est un trésor trop cher pour oser le commettre[15].
Quelque loi qu'il vous dicte, il faut vous y soumettre,
Madame, et pour sauver votre honneur combattu[16],
Il faut immoler tout, et même la vertu.
On vient ; je vois Thésée.

PHÈDRE. – Ah ! je vois Hippolyte ;
Dans ses yeux insolents je vois ma perte écrite.
Fais ce que tu voudras, je m'abandonne à toi.
Dans le trouble où je suis, je ne puis rien pour moi.

15. Exposer à un danger. – **16.** Attaqué.

Guide d'analyse

Le Désir et la Loi. La perversité tragique de la dramaturgie racinienne n'est plus à démontrer : au moment même où Phèdre a opté pour l'amour, pour la satisfaction du Désir, à l'instant où elle vient d'ourdir en ce sens un plan et d'invoquer Vénus, le retour de Thésée, vivant, est annoncé ; avec le roi, époux de la reine et père d'Hippolyte, réapparaissent la Loi (que Thésée incarne et qu'il a pour mission, juge et bourreau éventuels, de faire respecter), la honte, le remords, bref la faute ou la culpabilité. La **péripétie** n'engendre pas seulement la suprise, elle marque le **retour à la situation initiale :** Phèdre, anéantie par la nouvelle, ne veut plus que mourir. Mais plus grandes encore qu'au début de la pièce sont les **souffrances** de cette âme : la reine doit renfermer en elle un désir qui a pris corps, un espoir qui a pris forme, et satisfaire à une loi plus contraignante de ce fait, et à une exigence combien plus mutilante de la conscience. La péripétie accroît la tension dramatique et l'intensité pathétique : une « bête traquée » (Ch. Dédeyan) se débat dans le piège où elle a été attirée (1re péripétie) et qui vient de se refermer (2e péripétie) : « La situation tragique est ainsi entièrement constituée par les retournements de la situation dramatique » (J. Schérer).

L'amour-haine. La péripétie permet aussi un approfondissement psychologique : la scène met en évidence la cruauté de l'amour racinien, son ambivalence, l'équivalence de la passion amoureuse et de la haine. Quel singulier vers dans la bouche de la reine, à qui Œnone demande si Hippolyte lui est toujours cher : *« Je le vois comme un monstre effroyable à mes yeux » !* A une telle affirmation plusieurs explications :
a) La reine redoute **le scandale** pour elle-même et pour ses enfants : le retour de Thésée fait d'Hippolyte le principal obstacle, l'ennemi le plus redoutable ; s'il révèle en effet l'amour criminel, la mort, la répudiation au moins, l'ignominie à coup sûr seront le lot de l'épouse coupable, la déchéance et le déshonneur celui de ses fils.
b) Le but de Phèdre, plus que d'assurer l'avenir de ses enfants ou de préserver sa propre « gloire » est sans doute aussi de sauvegarder cette **pureté morale**

dont elle est si avide (son dernier mot, à la fin de la tragédie, sera précisément celui de *« pureté »*), et dont la nostalgie vient d'être ravivée par la funeste nouvelle, laquelle a ramené dans l'âme scrupuleuse de l'héroïne le flot de la honte et du remords : de ce point de vue encore Hippolyte est l'ennemi, l'obstacle retrouvé, et ressenti comme plus dangereux que jamais par une conscience exigeante.
c) Plus obscurément, la femme repoussée, blessée dans son orgueil et son amour, ne peut plus que haïr celui qui a rebuté ses soupirs et ses pleurs, celui qui a montré qu'il les avait en horreur ; captatif et prédateur, l'amour racinien est aussi **haine latente, et déclarée,** à l'égard du partenaire qui se refuse. L'agressivité surgit à la fois devant l'impossibilité sociale et morale de satisfaire le désir et devant la dérobade de l'autre : persécutée par la société ou la loi, persécutée par sa conscience, persécutée par l'être aimé, la jeune femme entreprend de persécuter à son tour : elle va laisser Œnone calomnier et perdre Hippolyte. « *Phèdre* nous représente un véritable délire de persécution, issu d'un amour coupable et aboutissant à un attentat » (P. Bénichou).

Œnone ou le mauvais génie. *« Osez l'accuser la première » :* la nourrice est prête à tout pour sauver l'enfant en danger, et dans son réalisme terre-à-terre elle sait que de deux maux il faut choisir le moindre : elle se chargera de la basse besogne et parvient ici à arracher un acquiescement plus ou moins explicite, ou tacite à la reine. L'explication que donne Racine, dans sa préface, du personnage et de son rôle dramatique invite à voir plus que jamais dans Œnone **la face noire de Phèdre** (qui calomniait seule Hippolyte chez Euripide) ; plus que jamais elle représente l'instinct de conservation, l'amour-propre, l'égoïsme de l'héroïne, et pour ainsi dire la haine, séparée de l'amour, à l'égard de l'ennemi. Ce **dédoublement** – qui sauvegarde les bienséances – est à vrai dire un moyen théâtral efficace d'exprimer la duplicité d'une âme : « Le ressort de la tragédie se trouve dans la relation Phèdre-Œnone » (Ch. Mauron). Dans une perspective métaphysique, Œnone est au service du destin et s'affirme de plus en plus comme l'« âme damnée » de Phèdre (mais il suffit de redonner à l'expression son sens plein pour retrouver l'explication psychocritique !).

1. *Appréciez l'**entrée** d'Œnone et la façon dont elle rapporte le retour de Thésée ; l'effet dramatique et le **discours** prêté à la confidente (dont la rhétorique a pour objet principal de suggérer l'urgence).*

2. *Étudiez dans cette scène la **relation Phèdre-Œnone,** sa complexité ; la complicité qui unit les deux femmes, leurs culpabilités respectives, l'emprise progressive de la seconde sur la première, le triomphe final de la confidente, etc.*

3. ***Le thème du regard.*** *« Le monde étant réduit à la seule relation du couple, c'est l'Autre tout entier qui est sans cesse interrogé : le héros déploie des efforts immenses, douloureux pour lire le partenaire auquel il est lié » (R. Barthes). En quoi la scène suffirait-elle à justifier cette analyse ?*

4. *Versez cette scène au dossier du **procès d'Œnone :** est-elle l'esprit du mal (et quel est ce mal ?) ou celui du dévouement (et de quelle qualité est ce dévouement ?) Est-elle une utilité dramatique ou un personnage tragique ?*

5. ***Mise en scène.*** *J.-L. Barrault commente ainsi les vers 869-883 : « Véritable monologue d'Œnone qui essaye de voir clair dans cette situation. Phèdre a posé sa tête contre la poitrine de sa nourrice. Au-dessus de la tête de Phèdre apparaît celle d'Œnone. Elle parle, pour ainsi dire, seule. Elle rumine les possibilités de "riposte" ; pose les questions, donne les réponses ; regarde vers l'entrée future des deux hommes, de face ; parle dans les cheveux de Phèdre ; change de ton continuellement. » Puis « elle la prend par les épaules et la met bien de face, sous son regard. Elle la scrute. L'autre est comme un pantin brisé. Phèdre, comme un enfant, cache de nouveau son visage dans le giron de sa nourrice (v. 884). Œnone reprend le fil de ses idées (v. 885 et sq.) ».*

Scène IV

THÉSÉE, PHÈDRE, HIPPOLYTE, THÉRAMÈNE, ŒNONE

THÉSÉE. – La fortune à mes vœux cesse d'être opposée,
Madame, et dans vos bras met...

PHÈDRE. – Arrêtez, Thésée,
Et ne profanez[1] point des transports[2] si charmants :
Je ne mérite plus ces doux empressements[3] ;
Vous êtes offensé. La fortune jalouse
N'a pas en votre absence épargné votre épouse.
Indigne de vous plaire et de vous approcher,
Je ne dois désormais songer qu'à me cacher.

---

1. Violer le respect dû à quelque chose de beau, de précieux, d'honorable (sans idée de sacrilège). – **2.** Élans d'amour et de joie. – **3.** Attentions, ardeurs, ici amoureuses.

Guide d'analyse

1. *Une entrevue dramatique.* *Loin d'être seulement de transition, cette courte scène en vaut une grande : montrez qu'elle est action et maximum de tension (et d'émotion pour le spectateur).*

2. *Analysez toutes les équivoques, toutes les ambiguïtés du* ***demi-aveu*** *de Phèdre, tout ce qui peut pétrifier Hippolyte autant que Thésée.*

3. *Quel Thésée* *apparaît ici, dans son élan vers la reine ? La dramaturgie classique distinguait le* ***héros prodigué*** *et le* ***héros rare :*** *appréciez l'efficacité dramatique de l'entrée retardée du roi.*

4. *Intertextualité.* *On appréciera d'autant mieux la réserve ou la perfidie de Phèdre en comparant la scène de Racine avec celle, similaire, de Sénèque (v. 886-897).*

Scène V

THÉSÉE, HIPPOLYTE, THÉRAMÈNE

THÉSÉE. – Quel est l'étrange accueil qu'on fait à votre père,
Mon fils?

HIPPOLYTE. – Phèdre peut seule expliquer ce mystère.
Mais si mes vœux ardents vous peuvent émouvoir,
Permettez-moi, Seigneur, de ne la plus revoir;
Souffrez que pour jamais le tremblant Hippolyte
Disparaisse des lieux que votre épouse habite.

THÉSÉE. – Vous, mon fils, me quitter?

HIPPOLYTE. – Je ne la cherchais pas;
C'est vous qui sur ces bords conduisîtes ses pas.
Vous daignâtes, Seigneur, aux rives de Trézène
Confier en partant Aricie et la reine;
Je fus même chargé du soin de les garder.
Mais quels soins désormais peuvent me retarder[1]?
Assez dans les forêts mon oisive jeunesse
Sur de vils ennemis a montré son adresse.
Ne pourrai-je, en fuyant un indigne repos,
D'un sang plus glorieux teindre mes javelots?
Vous n'aviez pas encore atteint l'âge où je touche*,
Déjà[2] plus d'un tyran, plus d'un monstre farouche
Avait de votre bras senti la pesanteur;
Déjà de l'insolence heureux persécuteur,
Vous aviez des deux mers assuré[3] les rivages.
Le libre voyageur ne craignait plus d'outrages;
Hercule, respirant sur le bruit[4] de vos coups,
Déjà de son travail se reposait sur vous.
Et moi, fils inconnu d'un si glorieux père,
Je suis même encor loin des traces de ma mère.
Souffrez que mon courage ose enfin s'occuper;
Souffrez, si quelque monstre a pu vous échapper,
Que j'apporte à vos pieds sa dépouille honorable,
Ou que d'un beau trépas la mémoire[5] durable,
Éternisant[6] des jours si noblement finis,
Prouve à tout l'avenir que j'étais votre fils.

1. Faire agir plus tard qu'il ne faut. – 2. Simple juxtaposition (que déjà...). – 3. Rendu sûrs... – 4. A la nouvelle de. – 5. Le souvenir, gardé par la postérité. – 6. Immortalisant (sens propre).

THÉSÉE. – Que vois-je ? Quelle horreur dans ces lieux répandue
Fait fuir devant mes yeux ma famille éperdue ?
Si je reviens si craint et si peu désiré,
O ciel ! de ma prison pourquoi m'as-tu tiré ?
Je n'avais qu'un ami ; son imprudente flamme
Du tyran de l'Épire allait ravir la femme ;
Je servais à regret ses desseins amoureux ;
Mais le sort irrité nous aveuglait tous deux.
Le tyran m'a surpris sans défense et sans armes.
J'ai vu Pirithoüs, triste objet de mes larmes,
Livré par ce barbare à des monstres cruels
Qu'il nourrissait du sang des malheureux mortels.
Moi-même, il m'enferma dans des cavernes sombres,
Lieux profonds et voisins de l'empire des ombres[7].
Les dieux, après six mois, enfin m'ont regardé[8] ;
J'ai su tromper les yeux de qui[9] j'étais gardé.
D'un perfide ennemi j'ai purgé[10] la nature :
A ses monstres lui-même a servi de pâture*.
Et lorsqu'avec transport je pense m'approcher
De tout ce que les dieux m'ont laissé de plus cher[11] ;
Que dis-je ? Quand mon âme, à soi-même[12] rendue,
Vient se rassasier d'une si chère vue,
Je n'ai pour tout accueil que des frémissements[13] :
Tout fuit, tout se refuse à mes embrassements ;
Et moi-même, éprouvant la terreur que j'inspire,
Je voudrais être encor dans les prisons d'Épire.
Parlez. Phèdre se plaint que je suis outragé.
Qui m'a trahi ? Pourquoi ne suis-je pas vengé ?
La Grèce, à qui mon bras fut tant de fois utile,
A-t-elle au criminel accordé quelque asile ?
Vous ne répondez point ! Mon fils, mon propre fils,
Est-il d'intelligence avec mes ennemis ?
Entrons. C'est trop garder un doute qui m'accable.
Connaissons à la fois le crime et le coupable.
Que Phèdre explique enfin le trouble où je la voi[14].

---

7. Le royaume des morts. – **8.** M'ont pris en considération. – **9.** Par lesquels (emploi possible à l'époque). – **10.** Purifié, débarrassé (se dit en parlant de choses morales). – **11.** On remarquera la rime « normande » ou rime pour l'œil. – **12.** Cet emploi du réfléchi est impossible aujourd'hui. – **13.** Tremblements (légers) causés par une vive émotion. – **14.** Le mot rime avec « effroi » (v. 988).

*** v. 937.** Ce vers peut donner une indication intéressante sur l'âge d'Hippolyte : son père Thésée, selon la légende, vint se faire reconnaître à Athènes et chemin faisant purgea l'isthme de Corinthe à seize ans ; un peu plus vieux et confus de n'avoir encore accompli aucun exploit, Hippolyte doit avoir dix-huit ou vingt ans au maximum.
*** v. 970.** A côté de la tradition légendaire (Thésée et Pirithoüs seraient descendus aux Enfers pour ravir l'épouse du dieu des morts), une version « réaliste », rapportée par Pausanias, voulait qu'en fait les deux héros fussent allés en Épire, à la cour d'un certain roi Haedonée (confondu avec Hadès) qui avait pour femme une certaine Perséphone et pour chien un certain Cerbère. Le récit de Thésée entretient, explique la confusion faite entre le royaume terrestre et celui des ombres.

Guide d'analyse

Père et fils. Thésée et Hippolyte se retrouvent en tête-à-tête après le départ de Phèdre : on attendrait entre les deux hommes une bonne et franche explication. Or chacun d'eux prononce une longue tirade ; chacun s'enferme, est enfermé dans son propre discours : celui d'Hippolyte est sans doute une **requête,** mais Thésée ne lui donne aucune réponse ; quant à celui de Thésée, il constitue à vrai dire une sorte de **monologue,** et le roi paraît oublier la présence du jeune homme. Le retour du roi, du père, a placé ce dernier dans la même situation que Phèdre : le sentiment de **culpabilité,** la honte et le remords sont revenus avec celui qui a interdit qu'on aime Aricie, et le premier mouvement du *« tremblant Hippolyte »* est de fuir ; fuir le juge, la Loi, et *« l'horreur dans ces lieux répandue »,* c'est-à-dire aussi bien le Désir coupable (pour Aricie) que le Désir monstrueux (de Phèdre). S'estimant plus que jamais avili, souillé, devant *« un si glorieux père »,* le jeune homme revient à ses nobles aspirations initiales : il réclame le lot de Thésée, **l'héroïsme,** et, s'il le faut, la mort héroïque (ce qui n'est peut-être qu'une conduite suicidaire !). Il est certain que ce qui s'est passé pendant l'absence du roi n'a fait qu'aggraver **« le complexe d'infériorité »** d'Hippolyte. Un critique contemporain remarque que toute tragédie racinienne est « le drame de la deuxième génération » ; que *Phèdre* est de ce point de vue « la tragédie de la ressemblance » (J. Schérer) : le fils s'efforce d'imiter le père ou pour mieux dire cette seule part du père qu'il veut admirer, la grandeur héroïque, et qu'il exalte d'autant plus qu'il veut ignorer, renier (cf. acte I, scène 1) l'autre part, la légèreté amoureuse, vers laquelle il a précisément incliné auparavant.

Mythe et réalité. Lorsque Thésée paraît enfin en scène, il est précédé de sa légende, et c'est un **héros épique ;** le personnage correspond à un emploi, celui du roi, et la puissance, la grandeur, la majesté sont ses attributs caractéristiques. Mais l'héroïsme et la royauté ne sont plus célébrés chez Racine que sur un mode ambigu, plus réaliste qu'idéaliste, qui démythifie plus qu'il n'exalte, qui sait, mieux qu'aucun autre, unir la **misère humaine** à la célébrité mythique dans le personnage tragique. Le héros qui rentre chez lui est ici fatigué, prêt à renier son passé illustre, l'évoquant du moins dans le registre de la déploration : Thésée est livré à la **solitude du héros tragique,** écrasé par une fatalité ironique, n'ayant en partage que le désarroi, puisque ni sa femme ni son fils ne semblent vouloir satisfaire son besoin de tendresse, ou pire : l'ont peut-être même bafoué. Il est, lui aussi, une figure pathétique.

1. *A quelle* ***catégorie*** *vous paraît appartenir cette scène ? Scène dynamique ou statique, d'action ou de délibération ou encore de déploration ? Dans cette avant-dernière scène de l'acte, à laquelle la suivante sert de commentaire, appréciez l'effet habile de* ***« suspension ».***

2. *Quel Hippolyte ?* *Est-il surtout « tremblant », ou bien le « digne fils du héros » ? En quoi son rôle justifierait-il qu'on ait vu dans* Phèdre *« une tragédie de la Parole enfermée, de la Vie retenue » (R. Barthes) ? Comment expliquer la maladresse du héros, son demi-aveu, puis son mutisme final ?*

3. *Le récit épique.* *Appréciez la différence de ton entre celui d'Hippolyte (v. 935-952) et celui de Thésée (v. 956-970), et dans les deux récits la valeur symbolique, à cette place dans la tragédie, de l'évocation des monstres châtiés ou à châtier ; quels vers, destinés à la perception privilégiée du spectateur vous semblent suggérer* ***l'ironie tragique du sort ?***

Scène VI

HIPPOLYTE, THÉRAMÈNE

HIPPOLYTE. – Où tendait ce discours qui m'a glacé d'effroi ?
Phèdre, toujours en proie à sa fureur extrême,
Veut-elle s'accuser et se perdre elle-même ?
Dieux ! que dira le roi ! Quel funeste poison
L'amour a répandu sur toute sa maison !
Moi-même, plein d'un feu que sa haine réprouve,
Quel[1] il m'a vu jadis, et quel il me retrouve !
De noirs pressentiments viennent m'épouvanter.
Mais l'innocence enfin n'a rien à redouter.
Allons, cherchons ailleurs par quelle heureuse adresse[2]
Je pourrai de mon père émouvoir la tendresse,
Et lui dire un amour qu'il peut vouloir troubler,
Mais que tout son pouvoir ne saurait ébranler.

1. Dans quel état d'esprit (cet emploi est un latinisme). – **2.** Conduite, habileté (le mot n'est pas forcément péjoratif).

Guide d'analyse

1. *Comment justifier l'**« effroi »** d'Hippolyte, dont peut s'étonner un public moderne ?*

2. *Le monologue du héros :* *Comment expliquer le mutisme de Théramène, le choix de cette forme de l'écriture théâtrale pour cette scène ? Étudiez dans la tirade d'Hippolyte l'habile répartition des groupements inégaux de vers : alexandrins isolés, d'autres groupés en distiques, d'autres en un quatrain final.*

3. *La fin d'acte.* *« Il est nécessaire que chaque acte laisse une attente de quelque chose qui se doive faire dans celui qui le suit. » (Corneille) : appréciez l'efficacité dramatique et l'ambiguïté tragique de cette courte scène.*

Documentation, essais, recherches

1. Le retour du roi. Étudiez la façon dont Racine met en œuvre la même situation dans d'autres tragédies comme *Bajazet* (l'arrivée d'Orcan, émissaire du maître) et *Mithridate* (le retour du souverain en personne).

2. Intertextualité. Comparez le retour de Thésée, son comportement, ses paroles dans la pièce d'Euripide et celle de Sénèque ; la douleur de l'époux chez le tragique grec (v. 790-847) ; l'interrogatoire de la reine – que Racine n'a pas voulu porter à la scène (pourquoi ?) – par Thésée en personne chez Sénèque (v. 864-902) : comparez les accusations de la Phèdre latine et de la Phèdre française.

3. La mégère. « Certaines héroïnes raciniennes peuvent et doivent être décrites comme des mégères (...) Une mégère est une femme qui peut avoir de bonnes ou de mauvaises raisons de se plaindre ou d'attaquer autrui, mais dont en tout cas le comportement est constamment agressif ; elle n'est pas nécessairement méchante, bien qu'elle puisse l'être ; elle éprouve vis-à-vis de son entourage **un sentiment de faiblesse ou d'infériorité,** qu'elle n'avouera jamais, et contre lequel elle réagit avec **violence** par des moyens qui sont de l'ordre, non de la réalité, mais du discours. » J. Schérer retrouve cette image de femme dans le théâtre racinien sous les traits d'Agrippine *(Britannicus),* de Clytemnestre *(Iphigénie),* et même sous ceux d'Andromaque, de Bérénice... et de Phèdre. Commentez et discutez ce point de vue.

4. Le procès d'Œnone. Appréciez le rôle et le personnage d'Œnone à la lumière de quelques-unes de ces réflexions : *a)* « Comme ressort dramatique, Œnone seule rend la tragédie possible » (Ch. Mauron), ou (du même) : « Œnone crée précisément la tragédie en maintenant vivant le phantasme coupable et en essayant de le raccrocher à la réalité » ; *b)* « Œnone excelle à faire le jeu du diable ; non point certes par perfidie, à la manière de Narcisse, mais par dévouement ancillaire et par amour pour sa maîtresse » (A. Gide) ; *c)* L. Goldmann la range parmi ces « êtres sans consistance réelle... pantins... fantoches », qui entourent le héros tragique ; elle représente « la tentation, le compromis ». Vous pourrez par ailleurs comparer le personnage racinien à celui de **la nourrice** dans les tragédies d'Euripide et de Sénèque ; à celui de **Narcisse** dans la pièce de Racine intitulée *Britannicus,* voire à celui de **Iago** dans l'*Othello* de Shakespeare.

5. Intertextualité. Deux couples tragiques peuvent être rapprochés dans le théâtre racinien : celui de Roxane et de Bajazet *(Bajazet)* et celui de Phèdre et d'Hippolyte ; même relation amoureuse faite de souffrance et d'agressivité, sans réciprocité ; même recours à la politique comme moyen de séduction, etc. ; on appréciera également la cruauté de l'amour racinien dans les couples inverses de Néron et Junie *(Britannicus),* du roi du Pont et de Monime *(Mithridate).*

6. La péripétie. J. Schérer estime que « l'emploi de ce... procédé illustre dans le théâtre de Racine le passage du dramatique au tragique » ; étudiez-en l'usage dans *Andromaque, Mithridate* et *Phèdre,* ou même dans *Alexandre* (où Porus, comme plus tard Thésée, passe d'abord pour mort et revient vivant).

7. Essai. « La tragédie racinienne est l'art de la méchanceté : c'est parce que Dieu manie la symétrie qu'il fonde un spectacle, sa malignité est esthétique, il donne un beau spectacle à l'homme, celui de sa dépression. » (R. Barthes) : appliquez ce jugement à la tragédie de *Phèdre.*

8. Essai. Même travail à propos de cette réflexion du même critique : « Le revirement est effectivement la figure fondamentale de tout le théâtre racinien... On dirait que Racine construit tout son théâtre sur cette forme, qui est étymologiquement parlant la péripétie et n'y investit qu'après coup ce qu'on appelle la « psychologie » ... Le sens du revirement est toujours dépressif... : il met les choses de haut en bas, la chute est son image. »

ACTE IV : LES JEUX ET LES PASSIONS DES HOMMES

La montée des périls.

Dans une tragédie classique la progression dramatique doit être constante, et croissant l'intérêt qu'elle suscite. Le quatrième acte, plus encore que les précédents, oriente l'action dans le sens d'une montée vers la tension suprême du dénouement. Il faut, selon l'abbé d'Aubignac (auteur d'une *Pratique du Théâtre*) que les derniers actes « aient toujours quelque chose de plus que les premiers, soit par la nécessité des événements, ou par la grandeur des passions, soit pour la rareté des spectacles ». Effectivement le combat des personnages se fait ici plus violent, les passions s'exaspèrent et dictent gestes et paroles funestes. L'acte s'ouvre sur **la calomnie** proférée par Œnone, qui entraîne **la condamnation** d'Hippolyte et **la malédiction** prononcée par Thésée contre son fils, malédiction appuyée sur les imprécations du roi qui voue le présumé coupable à la vindicte de Neptune ; un **espoir** luit encore lorsque Phèdre se précipite pour défaire la trame fatale et sauver le jeune homme de la colère paternelle ou divine, mais ce que révèle Thésée (les amours d'Hippolyte et d'Aricie) arrête net l'aveu miséricordieux sur les lèvres de la reine, qui s'abandonne sans plus de retenue à **la jalousie,** à ses fureurs accrues, au délire même, puis maudit, dans un dernier sursaut, *« la détestable Œnone »*. Jamais acte n'a mieux mérité la célèbre définition qu'a donnée La Bruyère de la tragédie, ce spectacle qui ne doit laisser aucun répit au public.

Explication psychocritique.

Un trio infernal (Phèdre, Hippolyte et Thésée), des passions paroxystiques et cruelles, une terrifiante âpreté psychologique : il y avait là de quoi intéresser la psychanalyse moderne. Certes la pensée antique et classique, qui se voulait réflexion sur l'homme, savait que celui-ci n'est pas seulement raison et volonté, que toute une part de son être est gouvernée par des forces élémentaires et difficiles à contrôler : les passions ; mais il appartiendra à Freud de conférer à la connaissance ancienne un tour rigoureux et scientifique :

1) Le schéma psychique doit être conçu comme une construction à plusieurs niveaux : tout en bas le **« ça », l'inconscient,** où s'accumulent les instincts et les pulsions les plus obscures ; puis une frange intermédiaire, **le subconscient,** où le ça affleure par intermittences ; au-dessus le **« moi »,** le niveau de la claire **conscience,**

de la maîtrise de soi, du contrôle des sentiments et des comportements ; ce moi est à vrai dire modelé, façonné en grande partie par une dernière instance, supérieure, le **« surmoi »,** l'ensemble des règles, des interdits, des modèles imposés par la société à l'individu, et intériorisés à la faveur de l'enseignement religieux, moral, civique traditionnel. Le ça est régi par le **« principe de plaisir » :** la « libido » est cette énergie, venue des profondeurs, qui pousse l'être humain à satisfaire ses impulsions (dont la composante essentielle est la sexualité) ; le moi, aidé par le surmoi, veille, et refoule l'épanchement du ça : une censure interne, inconsciente ou consciente, bride les tentations et les tentatives dangereuses et coupables, les force à se conformer au **« principe de réalité »** (à la vie telle qu'elle est, avec ses contraintes individuelles et collectives).

2) L'application de cette théorie à la tragédie de *Phèdre* peut ouvrir des perspectives fort intéressantes :

a) Le schéma psychique précédent rend compte de l'étrange **dissociation de chaque protagoniste,** de son déchirement intérieur : le désir incestueux et adultère de l'héroïne appartient au ça ; il est monté peu à peu jusqu'à la conscience, a pris de plus en plus de force et d'autonomie, au fil des aveux, pour finalement entrer en conflit avec le moi (et le surmoi), celui de la reine et de l'épouse, qui ne parvient pas à le réprimer ; il n'en va pas autrement pour Hippolyte qui tente vainement de refouler ses pulsions sexuelles.

b) Dans le trio maudit, chaque personnage peut incarner, sur la scène, l'un des niveaux du psychisme humain : la **Phèdre** noire, affolée de désir, représente **le ça ;** le clair **Hippolyte,** dans son puritanisme ou ses « chastes » amours, **le moi ;** autrement dit l'héroïne figure l'anormal, le monstrueux, le héros, l'acceptable et le normal ; **Thésée,** quant à lui, est **le surmoi,** roi, juge, obstacle extérieur, incarnation des exigences et des interdits du groupe social.

c) Si chaque protagoniste est flanqué d'un **confident,** il s'agit en fait d'un **dédoublement dramatique :** Phèdre et Œnone par exemple sont une seule et même personne ; à côté de Phèdre et de ses scrupules de conscience il y a **la coupable Œnone,** l'âme damnée de la reine, soit qu'elle aide la « libido » de sa maîtresse à se satisfaire, soit qu'elle accomplisse les gestes les plus répréhensibles ; ou bien encore à côté d'Hippolyte torturé, incapable d'unir les aspirations contradictoires de l'être, **le réaliste Théramène,** le moi assuré et rassurant, pour qui l'amour est dans la norme des choses.

d) L'architecture de la tragédie, avec ses savantes symétries, révèle que **Phèdre et Hippolyte** (songeons au titre primitif) sont les deux faces, antagonistes et complices tout à la fois, de chaque individu : **le ça et le moi ;** et le conflit dramatique exprime le conflit intra-psychique. On sait que la tendance la plus profonde et tyrannique de l'affectivité se manifeste dans le fameux **« complexe d'Œdipe » :** le tout jeune enfant éprouve inconsciemment pour sa mère un désir amoureux que contrarie la présence du père, rival et obstacle ; c'est le cas pour l'immature Hippolyte, lequel nourrit dans les tréfonds de son être une obscure passion pour Phèdre, figure atténuée de la mère (que Racine a remplacée par la belle-mère, pour satisfaire aux bienséances) ; le désir monstrueux est **refoulé** par le moi, condamné par le surmoi (cet Hippolyte qui ne veut ressembler qu'à la part héroïque, idéale de son père) ; il y a **dérivation** vers un amour honorable, cette Aricie qui incarne au vrai le moi conscient et adulte du jeune homme ; mais là encore **l'interdit** subsiste (fait aussi bien de l'horreur inconsciente pour la pulsion coupable que de la volonté déclarée de rejeter la légèreté amoureuse du père, le désir en soi). Dans cette perspective, Phèdre représente le ça, extériorisé, objectivé en quelque sorte d'Hippolyte, inversé aussi (ce qui marque une tentative pour déplacer la culpabilité) : le désir incestueux est devenu celui de la mère pour le fils. Tour à tour et simultanément, Phèdre et Hippolyte jouent les **péripéties du conflit psychique,** se heurtant d'abord tous deux à un interdit, laissant tous deux émerger le ça (actes I et II) ; ne pouvant plus le refouler lorsque réapparaît le surmoi (acte III) ; choisissant, lui de nier, en vain, la culpabilité, elle de se réfugier dans l'agressivité ou la folie (acte IV) ; se détruisant l'un et l'autre, l'un par l'autre, ne laissant derrière eux que le surmoi, conscient et affligé (Thésée) ou un pâle moi, mutilé et endeuillé (Aricie).

Il va sans dire que Racine ne songeait pas à faire pareille démonstration, mais qu'il exprimait à sa manière le conflit que doit résoudre tout être humain et que suggérait déjà la dichotomie du modèle grec : **Vénus-Phèdre** ou le désir incontrôlable d'un côté, **Artémis-Hippolyte** ou le refoulement de ce désir.

Scène première

THÉSÉE, ŒNONE

THÉSÉE. – Ah! qu'est-ce que j'entends? Un traître, un téméraire,
Préparait cet outrage à l'honneur de son père?
Avec quelle rigueur, Destin*, tu me poursuis!
Je ne sais où je vais, je ne sais où je suis.
O tendresse! ô bonté trop mal récompensée!
Projet audacieux! détestable pensée!
Pour parvenir au but de ses noires amours,
L'insolent de la force empruntait le secours!
J'ai reconnu le fer, instrument de sa rage[1],
Ce fer dont je l'armai pour un plus noble usage.
Tous les liens du sang n'ont pu le retenir!
Et Phèdre différait à le faire punir!
Le silence de Phèdre épargnait le coupable!

ŒNONE. – Phèdre épargnait plutôt un père déplorable.
Honteuse du dessein d'un amant furieux
Et du feu criminel qu'il a pris dans ses yeux,
Phèdre mourait, Seigneur, et sa main meurtrière
Éteignait de ses yeux l'innocente lumière.
J'ai vu lever[2] le bras, j'ai couru la sauver;
Moi seule à votre amour j'ai su la conserver,
Et plaignant à la fois son trouble et vos alarmes,
J'ai servi malgré moi d'interprète à ses larmes.

THÉSÉE. – Le perfide! il n'a pu s'empêcher de pâlir;
De crainte, en m'abordant, je l'ai vu tressaillir.
Je me suis étonné de son peu d'allégresse,
Ses froids embrassements ont glacé ma tendresse.
Mais ce coupable amour dont il est dévoré
Dans Athènes déjà s'était-il déclaré?

ŒNONE. – Seigneur, souvenez-vous des plaintes de la reine :
Un amour criminel causa toute sa haine.

THÉSÉE. – Et ce feu dans Trézène a donc recommencé?

ŒNONE. – Je vous ai dit, Seigneur, tout ce qui s'est passé.
C'est trop laisser la reine à sa douleur mortelle;
Souffrez que je vous quitte et me range[3] auprès d'elle.

1. Folie, furie, passion. – **2.** Se lever. – **3.** « Se ranger » signifie ici se placer aux côtés, se rendre auprès de quelqu'un.

*** v. 1003.** L'édition Garnier (J. Morel, A. Viala) met ici une majuscule ; le Destin apparaît dans l'*Iliade :* tout-puissant, il file le sort [d'un homme] à sa naissance ; les dieux eux-mêmes ne semblent pas pouvoir l'infléchir. Ses avatars sont les Moires (mot grec signifiant les « parts », de vie, de bonheur, de malheur), l'Anankè (chère à Victor Hugo, dont le nom grec veut dire « Nécessité »), les Parques latines (cf. v. 469), le Sort, etc. La tragédie a partie liée avec le Fatum (latin), la Fatalité.

Guide d'analyse

La calomnie. Voilà une scène d'action, s'il en est ! Œnone vient de passer à l'acte, à la dénonciation : encore une fois l'aveu, ici menteur, la parole, ici accusatrice, ont des conséquences funestes, accélérant le cours de l'intrigue et (c'est tout un dans la tragédie classique) exacerbant les passions. Les **bienséances** ont eu une influence capitale sur cette partie de la pièce : en donnant à Œnone le rôle le plus odieux, Racine satisfaisait : *a*) à la bienséance externe : il fallait respecter la conception – idéalisée – que le public du temps se faisait des grands de ce monde : la tâche ingrate (qui est le lot de Phèdre elle-même chez Euripide et Sénèque) est transférée de la reine à l'esclave ; *b*) à une bienséance interne : conformément au vœu d'Aristote réclamant des personnages tragiques qui ne soient ni parfaits parce que leur malheur paraîtrait injuste et répugnerait aux spectateurs, ni trop odieux parce que dans ce cas leur malheur, mérité, serait approuvé comme un simple effet de justice, Racine a fait sa Phèdre *« ni tout à fait coupable ni tout à fait innocente »* (Préface) : la culpabilité, la responsabilité directes, de fait, sont épargnées à la reine : à la confidente de mener, de façon machiavélique, **le terrible jeu !**

La condamnation. Jeu d'une redoutable efficacité : avant même de le voir et de l'entendre à nouveau, Thésée a condamné Hippolyte. **Deux causalités** interfèrent comme dans la tragédie antique : la **fatalité** qui persécute et ballotte cruellement les pauvres hommes, et les **faiblesses,** les passions mêmes de ces derniers. On a beaucoup médit sur la hâte précipitée du roi à croire Œnone, sur son aveuglement ou son inconscience, mais Thésée n'agit (et c'est à porter au crédit de Racine) qu'en fonction de ce qu'il est : *a*) un **souverain** incarnant la Loi et chargé de la faire respecter : dans une société archaïque tout crime envers les « liens du sang » est abominable et condamnable : Racine respecte ici les données traditionnelles de la légende, avec lesquelles s'accordaient sans peine les modes de vie et de pensée de la société chrétienne de son temps ; *b*) *« un **père** déplorable »,* atteint dans sa tendresse ; *c*) un **époux** (un amant) bafoué, dont la passion pour la jeune reine, autant que l'honneur, est blessé à vif.

1. *Que s'est-il passé pendant **l'entracte ?** Pourquoi Racine l'a-t-il utilisé de cette manière ?*

2. *Relevez toutes les expressions, dans le **réquisitoire** prononcé par les voix alternées de Thésée et d'Œnone, qui visent à faire d'Hippolyte un (le) **monstre,** par un tragique retournement de situation et de perspective.*

3. *Distinguez dans les paroles de **Thésée** ce qui est à mettre au compte :* a) *du roi ;* b) *du père ;* c) *de l'époux bafoué. Le héros vous paraît-il mériter ce dur jugement : sa « faiblesse... est évidemment dans sa crédulité » (A. Niderst) ?*

4. *Analysez le **jeu perfide** d'Œnone, l'habileté avec laquelle elle distille son venin au roi ; quels vers cependant peuvent être une justification ? Lesquels acquièrent dans sa bouche une profonde et tragique ambiguïté ?*

Scène II

THÉSÉE, HIPPOLYTE

THÉSÉE. – Ah! le voici. Grands dieux! à ce noble maintien
Quel œil ne serait pas trompé comme le mien?
Faut-il que sur le front d'un profane adultère
Brille de la vertu le sacré caractère[1]?
Et ne devrait-on pas à des signes certains
Reconnaître le cœur des perfides humains?

HIPPOLYTE. – Puis-je vous demander quel funeste nuage
Seigneur, a pu troubler votre auguste visage?
N'osez-vous confier ce secret à ma foi[2]?

THÉSÉE. – Perfide, oses-tu bien te montrer devant moi?
Monstre, qu'a trop longtemps épargné le tonnerre,
Reste impur des brigands dont j'ai purgé la terre,
Après que le transport d'un amour plein d'horreur
Jusqu'au lit de ton père a porté sa fureur*,
Tu m'oses présenter une tête ennemie!
Tu parais dans ces lieux pleins de ton infamie,
Et ne vas pas chercher, sous un ciel inconnu,
Des pays où mon nom ne soit point parvenu!
Fuis, traître! Ne viens point braver ici ma haine,
Et tenter un courroux que je retiens à peine.
C'est bien assez pour moi de l'opprobre[3] éternel
D'avoir pu mettre au jour un fils si criminel,
Sans que ta mort encor, honteuse à ma mémoire,
De mes nobles travaux[4] vienne souiller la gloire.
Fuis; et si tu ne veux qu'un châtiment soudain
T'ajoute aux scélérats qu'a punis cette main,
Prends garde que jamais l'astre qui nous éclaire
Ne te voie en ces lieux mettre un pied téméraire.
Fuis, dis-je; et sans retour précipitant tes pas,
De ton horrible aspect purge tous mes États.

---

1. Signe, marque. – **2.** Fidélité, loyauté : le « *perfide* » (v. 1044) est celui qui la viole. – **3.** Déshonneur, ignominie. – **4.** Au sens où l'on parle des « douze Travaux » d'Hercule.

*** Variantes – v. 1048.** : *« Jusqu'au lit de ton père a porté ta fureur »* (éd. 1677 et 1687) ; la correction semble due à un souci d'euphonie ; **v. 1071** : *« Avares du secours que j'attends de tes soins » ;* Racine a préféré une construction hardie, plus expressive, à une tournure correcte.

Et toi, Neptune, et toi, si jadis mon courage
D'infâmes assassins nettoya ton rivage,
Souviens-toi que pour prix de mes efforts heureux,
Tu promis d'exaucer le premier de mes vœux.
Dans les longues rigueurs d'une prison cruelle
Je n'ai point imploré ta puissance immortelle.
Avare[5] du secours que j'attends de tes soins*,
Mes vœux t'ont réservé pour de plus grands besoins :
Je t'implore aujourd'hui. Venge un malheureux père.
J'abandonne ce traître à toute ta colère;
Étouffe dans son sang ses désirs effrontés :
Thésée à tes fureurs[6] connaîtra[7] tes bontés.

HIPPOLYTE. – D'un amour criminel Phèdre accuse Hippolyte!
Un tel excès d'horreur rend mon âme interdite;
Tant de coups imprévus m'accablent à la fois
Qu'ils m'ôtent la parole et m'étouffent la voix.

THÉSÉE. – Traître, tu prétendais[8] qu'en un lâche silence
Phèdre ensevelirait ta brutale insolence.
Il fallait, en fuyant, ne pas abandonner
Le fer qui dans ses mains aide à te condamner;
Ou plutôt il fallait, comblant[9] ta perfidie,
Lui ravir tout d'un coup[10] la parole et la vie.

HIPPOLYTE. – D'un mensonge si noir justement irrité,
Je devrais faire ici parler la vérité,
Seigneur; mais je supprime[11] un secret qui vous touche.
Approuvez le respect qui me ferme la bouche,
Et sans vouloir vous-même augmenter vos ennuis,
Examinez ma vie, et songez qui je suis.
Quelques crimes toujours précèdent les grands crimes.
Quiconque a pu franchir les bornes légitimes[12]
Peut violer enfin les droits les plus sacrés :
Ainsi que la vertu, le crime a ses degrés,
Et jamais on n'a vu la timide innocence
Passer subitement à l'extrême licence[13].

---

5. Ménager, économe de... ; construction hardie : le terme est en opposition à un « moi-même » contenu implicitement dans « mes vœux ». – **6.** Sens moderne ici. – **7.** Reconnaîtra. – **8.** Espérais (sans idée de vanité prétentieuse). – **9.** Portant à son comble. – **10.** D'un même coup. – **11.** Passe sous silence, tais. – **12.** Fixées par les lois. – **13.** Liberté excessive, dérèglement.

Un jour seul ne fait point d'un mortel vertueux
Un perfide assassin, un lâche incestueux.
Élevé dans le sein d'une chaste héroïne,
Je n'ai point de son sang démenti l'origine.
Pitthée, estimé sage entre tous les humains,
Daigna m'instruire encore au sortir de ses mains[14].
Je ne veux point me peindre avec trop d'avantage[15];
Mais si quelque vertu m'est tombée en partage,
Seigneur, je crois surtout avoir fait éclater[16]
La haine des forfaits qu'on ose m'imputer.
C'est par là qu'Hippolyte est connu dans la Grèce.
J'ai poussé la vertu jusques à la rudesse.
On sait de mes chagrins[17] l'inflexible rigueur.
Le jour n'est pas plus pur que le fond de mon cœur.
Et l'on veut qu'Hippolyte, épris d'un feu profane...

THÉSÉE. – Oui, c'est ce même orgueil, lâche, qui te condamne.
Je vois de tes froideurs le principe[18] odieux :
Phèdre seule charmait tes impudiques yeux,
Et pour tout autre objet ton âme indifférente
Dédaignait de brûler d'une flamme innocente.

HIPPOLYTE. – Non, mon père, ce cœur, c'est trop vous le celer[19],
N'a point d'un chaste amour dédaigné de brûler.
Je confesse à vos pieds ma véritable offense :
J'aime, j'aime, il est vrai, malgré votre défense.
Aricie à ses lois tient mes vœux asservis;
La fille de Pallante a vaincu votre fils.
Je l'adore, et mon âme, à vos ordres rebelle,
Ne peut ni soupirer ni brûler que pour elle.

THÉSÉE. – Tu l'aimes? Ciel! Mais non, l'artifice[20] est grossier;
Tu te feins criminel pour te justifier.

HIPPOLYTE. – Seigneur, depuis six mois je l'évite, et je l'aime.
Je venais, en tremblant, vous le dire à vous-même.
Hé quoi! de votre erreur rien ne vous peut tirer?
Par quel affreux serment faut-il vous rassurer?
Que la terre, le ciel, que toute la nature...

14. Celles d'Antiope, sa mère. – **15.** De façon trop avantageuse. – **16.** Manifester avec éclat, de façon retentissante. – **17.** Humeur rude (sans idée d'affliction). – **18.** La raison d'être, la cause. – **19.** Dissimuler, cacher. – **20.** Feinte, ruse.

THÉSÉE. – Toujours les scélérats ont recours au parjure.
Cesse, cesse, et m'épargne[21] un importun discours,
Si ta fausse vertu n'a point d'autre secours.

HIPPOLYTE. – Elle vous paraît fausse et pleine d'artifice.
Phèdre au fond de son cœur me rend plus de justice.

THÉSÉE. – Ah! que ton impudence excite mon courroux!

HIPPOLYTE. – Quel temps à mon exil, quel lieu prescrivez-vous?

THÉSÉE. – Fusses-tu par-delà les colonnes d'Alcide[22],
Je me croirais encor trop voisin d'un perfide.

HIPPOLYTE. – Chargé du crime affreux dont vous me soupçonnez,
Quels amis me plaindront, quand vous m'abandonnez?

THÉSÉE. – Va chercher des amis dont l'estime funeste
Honore l'adultère, applaudisse à l'inceste,
Des traîtres, des ingrats sans honneur et sans loi,
Dignes de protéger un méchant[23] tel que toi.

HIPPOLYTE. – Vous me parlez toujours d'inceste et d'adultère.
Je me tais. Cependant Phèdre sort d'une mère,
Phèdre est d'un sang, Seigneur, vous le savez trop bien,
De toutes ces horreurs plus rempli que le mien.

THÉSÉE. – Quoi? ta rage à mes yeux perd toute retenue?
Pour la dernière fois, ôte-toi de ma vue.
Sors, traître; n'attends pas qu'un père furieux
Te fasse avec opprobre arracher de ces lieux.

---

21. Tour ancien : « épargne-moi... ». – **22.** « Les colonnes d'Hercule » étaient pour les Grecs les limites du monde connu. – **23.** Sens fort : « méchant » signifie « qui ne vaut rien », « qui est scélérat, criminel ».

Guide d'analyse

Querelle. « C'est ici que l'orage éclate. La foudre ne cessera plus de tomber jusqu'à la fin de l'acte. Depuis ce vers (1044) jusqu'à la sortie de Phèdre (vers 1326) ce ne sera qu'un même mouvement... un seul récitatif de rage, de malédictions, d'aveux, de craintes, de déchirements, de cris, d'hallucinations et de folie que les personnages se passeront les uns aux autres » (J.-L. Barrault). Premier sommet de l'acte, la grande scène II est l'une de celles sur lesquelles pivote l'action puisqu'elle aboutit à la condamnation et à l'exil d'Hippolyte ; **scène dynamique** donc, et de **tension,** elle a une structure complexe : le crescendo est en deux temps ou deux paliers. L'entrevue entre le père et le fils s'ouvre sur un premier paroxysme : la fureur de Thésée, déclenchée par la calomnie d'Œnone, se déchaîne (une longue tirade) en présence du présumé coupable, et culmine dans la malédiction et les imprécations ; le plaidoyer d'Hippolyte suspend un temps (une longue tirade encore) les éclats de la colère paternelle, plus brefs, et même brisés un instant par la révélation inattendue, la confession du jeune homme ; mais l'aveugle obstination du père, l'indignation douloureuse du fils font remonter la tension : une querelle s'ensuit – ce que souligne l'emploi de la stichomythie (1 vers par réplique, ou 2 ou 4) – jusqu'à ce que Thésée chasse Hippolyte. Ce type de scène, d'une grande intensité dramatique et pathétique est « employé quand il faut à la fois produire une certaine émotion qui, pour être sentie par contraste, exige une retombée qui la suive, et aboutir à une décision, à laquelle il est difficile de parvenir et qui demande une nouvelle montée de l'émotion » (J. Schérer). Conçue ainsi, la scène, avec ses rebondissements et son dénouement, est comme **une tragédie en raccourci,** qui soutient d'un bout à l'autre l'intérêt passionné du spectateur.

« L'échelle des êtres » (J. Schérer). A elle seule aussi, cette scène rendrait compte de la violence du théâtre racinien, de la **cruauté** du conflit dramatique, tout entier nourri des passions redoutables d'une famille unie pour le pire, composée :
a) du **père :** rien de moins paternel que ce père qui apparaît avec Mithridate dans l'œuvre de Racine, et rien de plus pathétique : Thésée aime son fils, mais ne le connaît ni ne le comprend ; aveuglé par la rage, par son amour (conjugal et paternel) sali ou trahi, fou ici comme tant d'autres héros raciniens qui ne se possèdent plus et se laissent aller au délire, ce **père terrible** condamne Hippolyte sans vouloir l'entendre et, après s'être abandonné un instant à un vertige meurtrier, charge Neptune de le mettre à mort ;
b) du **fils :** rien de moins pur (malgré le vers célèbre) que le personnage d'Hippolyte, tel que l'a conçu Racine, et si différent de celui d'Euripide ; vu comme un monstre par son père qui le croit coupable *« d'un amour plein d'horreur »*, il n'est pas loin de se sentir lui-même un être monstrueux, taraudé par un désir aussi violent, aussi animal que celui de Phèdre, livré en tout cas à un amour qui est un reniement, et un crime envers le père ; c'est dans un profond sentiment de **culpabilité** qu'il faut chercher la véritable clé du comportement étrange du jeune homme, de son silence, de son impuissance à se défendre avec toute l'énergie et toute la sincérité nécessaires ;
c) des **dieux,** qui prolongent ou qui dictent les gestes funestes des hommes, et qui se livrent à des **jeux cruels ;** tueur de monstres, Thésée chasse comme un monstre son fils Hippolyte, et demande à son propre père, Neptune, de châtier le coupable : le dieu enverra un monstre tuer le malheureux ; dompteur de chevaux, Hippolyte est dompté par l'amour, et Vénus a inspiré au jeune homme le désir fatal et inhibiteur. Ainsi une psychologie presque pathologique et une métaphysique féroce font-elles circuler du haut en bas de la création racinienne une sorte de monstruosité généralisée, dans un sombre « théâtre de la cruauté ».

1. *Étudiez les* ***effets rhétoriques*** *dans la tirade de Thésée (v. 1044-1076), l'ample mouvement oratoire, la noblesse esthétique qui semble compenser la faiblesse du personnage en lui prêtant la* ***grandeur*** *des héros de tragédies.*

2. *Cherchez dans la scène tout ce qui peut fournir une explication :* a) *au constant* ***aveuglement*** *de Thésée ;* b) *au* ***silence*** *d'Hippolyte ; à quels très brefs instants cependant voit-on le premier sur le point de se dissiper et le second près d'être rompu ?*

3. ***Un beau vers :*** « Le jour n'est pas plus pur que le fond de mon cœur » : *pourquoi ce vers est-il, à juste titre, célèbre ? Peut-on en apprécier la beauté indépendamment de son contexte ?*

4. ***Intertextualité.*** *Comparez la scène de Racine et celle, correspondante, d'Euripide (v. 902-1101) du point de vue des attitudes, des paroles réciproques des deux personnages, de leur ton.*

Scène III

THÉSÉE, *seul*

THÉSÉE. – Misérable, tu cours à ta perte infaillible !
Neptune, par le fleuve aux dieux mêmes terrible*,
M'a donné sa parole, et va l'exécuter.
Un dieu vengeur te suit[1], tu ne peux l'éviter.
Je t'aimais ; et je sens que malgré ton offense,
Mes entrailles[2] pour toi se troublent par avance.
Mais à te condamner tu m'as trop engagé[3].
Jamais père en effet fut-il plus outragé ?
Justes dieux, qui voyez la douleur qui m'accable,
Ai-je pu mettre au jour un enfant si coupable ?

---

1. Poursuit. – **2.** « Cœur » ; le mot n'a rien de trivial au XVIIe siècle. – **3.** Obligé, poussé.

*** v. 1158.** Le parjure est dans la société antique un crime abominable, que punissent cruellement les dieux (c'est en ce sens qu'Hippolyte parle d'un *« affreux serment »*, v. 1132) ; ces mêmes dieux, lorsqu'ils voulaient se lier par serment, le faisaient sur l'eau du Styx, le fleuve infernal ; s'ils se parjuraient, un châtiment terrible les attendait comme un exil temporaire de l'Olympe ou des épreuves à subir sur terre.

Guide d'analyse

1. *En quoi trouve-t-on ici :* a) *« un* ***monologue*** *à hésitations » (J. Schérer) ;* b) *une scène de* ***nécessité*** *?*

2. *Pourquoi Thésée accède-t-il au statut à part entière de* ***héros tragique ?*** *Un critique du XIXe siècle le trouvait « majestueux comme la foudre et bête comme un ouragan ! » Ce point de vue est-il défendable ?*

3. *La scène illustre au mieux l'****ironie tragique*** *: pourquoi ?*

4. ***Intertextualité :*** *On ne trouve aucune scène semblable ni chez Euripide ni chez Sénèque : quelle conclusion en tirer quant au* ***génie racinien ?***

Mosaïque représentant Neptune, le *« dieu vengeur »* invoqué par Thésée.

Scène IV

THÉSÉE, PHÈDRE

PHÈDRE. – Seigneur, je viens à vous, pleine d'un juste effroi.
Votre voix redoutable a passé[1] jusqu'à moi.
Je crains qu'un prompt effet n'ait suivi la menace.
S'il en est temps encore, épargnez votre race,
Respectez votre sang, j'ose vous en prier.
Sauvez-moi de l'horreur de l'entendre crier;
Ne me préparez point la douleur éternelle
De l'avoir fait répandre à la main paternelle.

THÉSÉE. – Non, Madame, en mon sang ma main n'a point trempée,
Mais l'ingrat toutefois ne m'est[2] point échappé.
Une immortelle main de sa perte est chargée;
Neptune me la doit, et vous serez vengée.

1. « Est venue » : l'auxiliaire *« a »* met l'accent sur l'action elle-même. – 2. Ici l'auxiliaire *« est »* insiste sur l'état du sujet.

PHÈDRE. – Neptune vous la doit! Quoi? vos vœux irrités...

THÉSÉE. – Quoi! craignez-vous déjà qu'ils ne soient écoutés?
Joignez-vous bien plutôt à mes vœux légitimes.
Dans toute leur noirceur retracez-moi ses crimes;
Échauffez mes transports trop lents, trop retenus.
Tous ses crimes encor ne vous sont point connus.
Sa fureur contre vous se répand en injures[3];
Votre bouche, dit-il, est pleine d'impostures[4];
Il soutient qu'Aricie a son cœur, a sa foi,
Qu'il l'aime.

PHÈDRE. – Quoi, Seigneur!

THÉSÉE. – Il l'a dit devant moi,
Mais je sais rejeter un frivole[5] artifice.
Espérons de Neptune une prompte justice.
Je vais moi-même encore au pied de ses autels
Le presser d'accomplir ses serments immortels.

Scène V

PHÈDRE, *seule*

PHÈDRE. – Il sort. Quelle nouvelle a frappé mon oreille?
Quel feu mal étouffé dans mon cœur se réveille?
Quel coup de foudre, ô ciel! et quel funeste avis?
Je volais toute entière au secours de son fils,
Et m'arrachant des bras d'Œnone épouvantée,
Je cédais au remords dont j'étais tourmentée.
Qui sait même où m'allait porter ce repentir?
Peut-être à m'accuser j'aurais pu consentir;
Peut-être, si la voix ne m'eût été coupée,
L'affreuse vérité me serait échappée.
Hippolyte est sensible[6], et ne sent rien pour moi?
Aricie a son cœur! Aricie a sa foi!
Ah, dieux! Lorsqu'à mes vœux l'ingrat inexorable
S'armait d'un œil si fier, d'un front si redoutable,

3. Offenses injustes. – 4. Sens vieilli : mensonges, calomnies. – 5. Qui a peu de solidité, sans fondement. – 6. « Facile à toucher, accessible à l'amour »; le verbe « *sent* », qui suit, a la même valeur : « éprouver un sentiment (amoureux) ».

Je pensais qu'à l'amour son cœur toujours fermé
Fût[7] contre tout mon sexe également armé.
Une autre cependant a fléchi son audace[8];
Devant ses yeux cruels une autre a trouvé grâce.
Peut-être a-t-il un cœur facile à s'attendrir;
Je suis le seul objet[9] qu'il ne saurait souffrir,
Et je me chargerais du soin de le défendre?

7. Le subjonctif marque ici la supposition (emploi impossible de nos jours). – 8. Fierté farouche. – 9. Femme qui inspire de l'amour (emploi poétique propre à l'époque).

Guide d'analyse – Scènes IV et V

Une péripétie dramatique. Les scènes IV et V forment un tout qui a pour pivot un dernier coup de théâtre : la terrible nouvelle que Thésée assène sans ménagements (et pour cause!) à Phèdre et le funeste revirement psychologique qui en est l'effet. Aussi le **contraste** est-il saisissant entre d'une part l'élan précipité de la reine, qui accourt pour sauver le jeune homme et d'autre part la brusque interruption de cet élan, le mutisme subit de Phèdre, blessée à mort, et la retombée dans le registre pathétique avec le douloureux monologue de la scène V. **Le personnage d'Aricie,** créé par Racine, trouve ici sa fonction dramatique essentielle, qui est de susciter la **jalousie** de la reine, jalousie nouant définitivement entre elles les destinées, les responsabilités et les culpabilités jusqu'alors plus ou moins parallèles des quatre protagonistes. Il est remarquable que **la parole** soit encore meurtrière, et que **la passion amoureuse** soit le dernier moteur de la machine infernale puisque la jalousie intègre de façon décisive la haine à l'amour, et permet à cet amour-haine de jouer au mieux son véritable rôle, qui est de mener dans tous les cas à la catastrophe.

« L'air » de la jalousie. Phèdre touche ici le fond de l'abîme, car lui est ôtée sa seule consolation, la certitude qu'Hippolyte ne pouvait aimer. La **jalousie** emmure l'amoureuse dans la plus grande solitude, dans le désespoir et la rage : un **monologue** était nécessaire, long cri de souffrance d'une âme foudroyée. Sa composition simple exprime la division tragique de l'être : à la Phèdre accablée de remords et qui vient d'accourir, dans un ultime sursaut de la vertu, pour sauver Hippolyte (v. 1196-1202) succède la Phèdre brûlée d'une égoïste concupiscence, toute à sa fureur ravivée (v. 1203-1213). **Plusieurs procédés** d'expression mettent en relief les oscillations et les déchirements d'un cœur : **variations du ton** (affirmatif, exclamatif, ou interrogatif), et **variations du rythme,** avec les groupements inégaux de vers, distiques, tercets, ou quatrain. Les formes de l'écriture théâtrale mêlent le registre élégiaque au registre des « fureurs » raciniennes, dans un moment d'une grande intensité pathétique, propre à susciter aussi bien une certaine terreur que la pitié dans l'âme du spectateur.

1. *Comment justifier la* ***hâte*** *de Thésée? Comment comprendre les injonctions des vers 1181-1183?*

2. *Étudiez avec précision la* ***composition du monologue,*** *la façon dont Phèdre passe du sentiment de culpabilité à celui de privation, à celui d'humiliation, puis de persécution, jusqu'à l'explosion d'agressivité; appréciez l'emploi des* ***répétitions; quel vers*** *est le plus grand cri de souffrance? Examinez la fréquence et la valeur de certaines* ***sonorités,*** *surtout à la rime.*

Scène VI

PHÈDRE, ŒNONE

PHÈDRE. – Chère Œnone, sais-tu ce que je viens d'apprendre?

ŒNONE. – Non; mais je viens tremblante, à ne vous point mentir.
J'ai pâli du dessein qui vous a fait sortir;
J'ai craint une fureur à vous-même fatale.

PHÈDRE. – Œnone, qui l'eût cru? j'avais une rivale.

ŒNONE. – Comment?

PHÈDRE. – Hippolyte aime, et je n'en puis douter.
Ce farouche ennemi qu'on ne pouvait dompter,
Qu'offensait le respect, qu'importunait la plainte,
Ce tigre, que jamais je n'abordai sans crainte,
Soumis, apprivoisé, reconnaît un vainqueur :
Aricie a trouvé le chemin de son cœur.

ŒNONE. – Aricie?

PHÈDRE. – Ah! douleur non encore éprouvée!
A quel nouveau tourment je me suis réservée!
Tout ce que j'ai souffert, mes craintes, mes transports,
La fureur de mes feux, l'horreur de mes remords,
Et d'un cruel refus l'insupportable injure,
N'était[1] qu'un faible essai[2] du tourment que j'endure.
Ils s'aiment! Par quel charme ont-ils trompé mes yeux?
Comment se sont-ils vus? depuis quand? dans quels lieux?
Tu le savais. Pourquoi me laissais-tu séduire?
De leur furtive ardeur[3] ne pouvais-tu m'instruire?
Les a-t-on vus souvent se parler, se chercher?
Dans le fond des forêts allaient-ils se cacher?
Hélas! ils se voyaient avec pleine licence[4].
Le ciel de leurs soupirs approuvait l'innocence;
Ils suivaient sans remords leur penchant amoureux;
Tous les jours se levaient clairs et sereins pour eux.
Et moi, triste rebut[5] de la nature entière,
Je me cachais au jour, je fuyais la lumière.

---

1. L'accord du verbe se fait avec le sujet initial : « Tout ce que j'ai souffert... ». – **2.** Épreuve que l'on fait de quelque chose et, par extension, son avant-goût. – **3.** Leur amour secret. – **4.** Liberté (sans idée d'excès ici, ni de dérèglement moral). – **5.** Ce qu'on a rejeté, dédaigné.

La mort est le seul dieu[6] que j'osais implorer.
J'attendais le moment où j'allais expirer;
Me nourrissant de fiel[7], de larmes abreuvée,
Encor dans mon malheur de trop près observée,
Je n'osais dans mes pleurs me noyer à loisir.
Je goûtais en tremblant ce funeste plaisir,
Et sous un front serein déguisant mes alarmes[8],
Il fallait bien souvent me priver de mes larmes.

ŒNONE. – Quel fruit recevront-ils de leurs vaines amours?
Ils ne se verront plus.

PHÈDRE. – Ils s'aimeront toujours!
Au moment que je parle, ah! mortelle pensée!
Ils bravent la fureur d'une amante insensée.
Malgré ce même exil[9] qui va les écarter[10],
Ils font mille serments de ne se point quitter.
Non, je ne puis souffrir un bonheur qui m'outrage,
Œnone; prends pitié de ma jalouse rage;
Il faut perdre[11] Aricie, il faut de mon époux
Contre un sang odieux réveiller le courroux.
Qu'il ne se borne pas à des peines légères :
Le crime de la sœur passe celui des frères.
Dans mes jaloux transports je le veux implorer.
Que fais-je? Où ma raison se va-t-elle égarer?
Moi jalouse! Et Thésée est celui que j'implore!
Mon époux est vivant, et moi je brûle encore!
Pour qui? Quel est le cœur où[12] prétendent mes vœux?
Chaque mot sur mon front fait dresser mes cheveux.
Mes crimes désormais ont comblé la mesure.
Je respire[13] à la fois l'inceste et l'imposture;
Mes homicides mains, promptes à me venger,
Dans le sang innocent brûlent de se plonger.
Misérable! et je vis? et je soutiens la vue
De ce sacré soleil dont je suis descendue?
J'ai pour aïeul le père et le maître des dieux;
Le ciel, tout l'univers est plein de mes aïeux;

6. La Mort était personnifiée dans la croyance grecque par un génie masculin ailé, Thanatos. – **7.** Nom parfois donné à la bile; amertume. – **8.** Terreurs, soucis. – **9.** Cet exil même. – **10.** Les éloigner l'un de l'autre. – **11.** Faire périr, tuer. – **12.** Auquel (*« où »* peut remplacer à l'époque le pronom relatif précédé d'une préposition). – **13.** J'exhale, je répands une odeur de...

Où me cacher? Fuyons dans la nuit infernale.
Mais que dis-je? Mon père y tient l'urne fatale*;
Le sort, dit-on, l'a mise en ses sévères mains :
Minos juge aux Enfers tous les pâles humains.
Ah! combien frémira son ombre[14] épouvantée,
Lorsqu'il verra sa fille à ses yeux présentée,
Contrainte d'avouer tant de forfaits divers,
Et des crimes peut-être inconnus aux enfers!
Que diras-tu, mon père, à ce spectacle horrible?
Je crois voir de ta main tomber l'urne terrible,
Je crois te voir, cherchant un supplice nouveau,
Toi-même de ton sang devenir le bourreau.
Pardonne! Un dieu cruel a perdu ta famille :
Reconnais sa vengeance aux fureurs de ta fille.
Hélas! du crime affreux dont la honte me suit,
Jamais mon triste cœur n'a recueilli le fruit;
Jusqu'au dernier soupir de malheurs poursuivie,
Je rends dans les tourments une pénible vie.

ŒNONE. – Hé! repoussez, Madame, une injuste[15] terreur!
Regardez d'un autre œil une excusable erreur.
Vous aimez. On ne peut vaincre sa destinée.
Par un charme fatal vous fûtes entraînée.
Est-ce donc un prodige inouï parmi nous?
L'amour n'a-t-il encor triomphé que de vous?
La faiblesse aux humains n'est que trop naturelle;
Mortelle, subissez le sort d'une mortelle.
Vous vous plaignez d'un joug imposé dès longtemps :
Les dieux mêmes, les dieux, de l'Olympe habitants[16],
Qui d'un bruit si terrible[17] épouvantent les crimes[18],
Ont brûlé quelquefois de feux illégitimes*.

PHÈDRE. – Qu'entends-je? Quels conseils ose-t-on me donner?
Ainsi donc jusqu'au bout tu veux m'empoisonner,
Malheureuse? Voilà comme tu m'as perdue.
Au jour que je fuyais c'est toi qui m'as rendue;
Tes prières m'ont fait oublier mon devoir;

---

14. Les habitants des Enfers ne sont que des apparences, des esprits, des âmes, etc. – **15.** Déraisonnable, injustifiée. – **16.** Les anciens Grecs avaient fait de la montagne de l'Olympe, aux confins de la Macédoine et de la Thessalie, la demeure de leurs dieux. – **17.** En répandant des rumeurs si terrifiantes (sur les châtiments infligés). – **18.** Emploi du mot abstrait pour le concret : les criminels.

J'évitais Hippolyte, et tu me l'as fait voir.
De quoi te chargeais-tu ? Pourquoi ta bouche impie
A-t-elle, en l'accusant, osé noircir sa vie ?
Il en mourra peut-être, et d'un père insensé
Le sacrilège vœu peut-être est exaucé.
Je ne t'écoute plus. Va-t'en, monstre exécrable,
Va, laisse-moi le soin de mon sort déplorable.
Puisse le juste ciel dignement te payer ;
Et puisse ton supplice à jamais effrayer
Tous ceux qui, comme toi, par de lâches adresses[19],
Des princes malheureux nourrissent les faiblesses,
Les poussent au penchant où leur cœur est enclin,
Et leur osent du crime aplanir le chemin !
Détestables flatteurs, présent le plus funeste
Que puisse faire aux rois la colère céleste !

ŒNONE, – *seule*. Ah ! dieux ! pour la servir j'ai tout fait, tout quitté,
Et j'en reçois ce prix ? Je l'ai bien mérité.

---

19. Artifices, ruses (valeur péjorative ici).

*** v. 1278.** Cette urne, Virgile en fait mention dans l'*Énéide :* « Minos préside et agite l'urne » (Chant VI, v. 432) ; elle servait au tirage au sort des jurés pour le jugement des morts, et l'on y déposait les votes qui décideraient du lot à réserver dans l'au-delà à chaque âme ; peut-être serait-elle précipitée dans le Tartare, ce lieu terrible où les grands criminels enduraient toutes sortes de supplices (cf. v. 1287).
*** v. 1306.** La mythologie prête aux dieux, notamment à leur maître, Zeus, toutes sortes d'aventures amoureuses, plus ou moins immorales ; on connaît surtout les amours volages de Zeus, et les pittoresques métamorphoses du dieu pour mieux approcher les mortelles qui l'ont séduit (en cygne pour Léda, en taureau pour Europe, etc.).

Analyse linéaire – v. 1252-1294

Deuxième sommet de l'acte IV : la plus haute station du calvaire de Phèdre (une *« douleur non encore éprouvée »,* v. 1225) ; sentiments torturants de culpabilité, de frustration, d'humiliation, de jalousie, déclenchent l'agressivité (v. 1193-1213) ; la vision des amants heureux (v. 1231-1240) est un véritable supplice de Tantale ; un long récitatif monte en un crescendo de douleur, de fureur et de délire (v. 1252-1294).

1. « Ma jalouse rage » (v. 1252-1264) : une **image obsédante,** celle du couple des amants (*« ils »* par trois fois), du bonheur idyllique (v. 1252), présent (v. 1253), indestructible (v. 1255-1256), inacceptable (v. 1257 : une double négation pour celle qui en est exclue (*« je »;* et la curieuse expression objective qui place Phèdre à côté, en dehors du couple : v. 1254). Le **sentiment d'injustice** l'emporte *(« ah ! mortelle pensée »),* qui va déclencher la **réaction persécutrice ;** alanguissement douloureux du rythme dans les vers évoquant les amants (*« Ils s'aimeront toujours »,* en legato) ; suffocations, dures sonorités dans les vers de colère (1253). Deux êtres sont heureux, donc ils conspirent contre moi ! Un bonheur qui est *« outrage »* (v. 1257) ; Phèdre s'abandonne au délire *(« insensée »),* à la *« fureur »* (« folie furieuse » dans la langue de l'époque) ; véritable fantasme de persécution (v. 1254) chez celle qui s'éprouvait déjà persécutée par Vénus, par l'univers entier (cf. v. 161) : dérivation pathologique du sentiment de culpabilité, auquel s'ajoute la **jalousie,** qui humilie et transforme le persécuté en persécuteur, en justicier ; surgit le **projet de meurtre** qui passe par Œnone, l'exécutrice des basses œuvres, et Thésée, le roi-juge. Un appel à l'aide (v. 1258 : le nom propre, mis en relief par le rejet, est comme un cri) : Œnone est le double noir de Phèdre, ce qu'il y a de pire en celle qui n'est plus que concupiscence égoïste, tournée en violente agressivité *(« jalouse rage »)* ; un hémistiche lapidaire formule la **sentence :** condamnation à mort (*« perdre »* signifie « faire périr ») pour Aricie. La rivale seule est nommée, séparée d'Hippolyte ! Pour préserver ce dernier ou pour l'atteindre plus cruellement dans ce qu'il a de plus cher ? La nécessaire part d'ombre subsiste. Phèdre cependant rejoint ici Œnone et Thésée qui ont décidé la mort du jeune homme, et franchit ce seuil qu'elle se félicitait au début de la pièce de ne pas avoir atteint (cf. v. 221) ; elle rêve de traduire la (les) coupable devant son *« époux » :* un mot qui marque le point culminant de la déraison aussi bien que les furieuses injonctions (v. 1259-1261) ; la machiavélique cruauté (v. 1260-1262), l'accusation délirante (v. 1263) ; les *« jaloux transports »* sont ceux de cette **démence** qui est l'une des caractéristiques du héros racinien.

2. « Moi jalouse ! » (v. 1265-1272). Phèdre n'a cessé d'osciller du désir et de l'espoir au sentiment de culpabilité et à la honte ; aussi se réveille-t-elle de ce nouveau délire comme des anciens ; retour à la **lucidité** (v. 1264), source de **douleur accrue :** d'un côté l'amour coupable, de l'autre l'obstacle, la « gloire » (qui l'intériorise) : deux vers pour confronter et opposer (dans chacun ou presque de leurs hémistiches respectifs) l'épouse déchue qui est *« jalouse »* et *« brûle »* encore et l'époux bafoué (dont le nom propre retentit comme un reproche) : un chiasme dit le vertige de la pensée. L'objet des *« vœux »* (souhaits adressés à une divinité : cf. v. 285-289) redevient innommable (v. 1267) : nombreux tours interrogatifs, exclamatifs, pauses marquées à l'intérieur des vers qui doivent être « entrecoupés de déglutitions, de hoquets, de suffocations, de reprises de respiration » (J.-L. Barrault).

En fait le retour à la raison n'apporte plus l'accablement mélancolique mais une **nouvelle crise,** un accès de désespoir, une épouvante grandissante (v. 1268) ; le délire devient cauchemar (v. 1269-1272) : cessant d'être persécutrice, Phèdre se persécute elle-même avec violence : nouvel acte d'**auto-accusation** *(« Mes crimes... »),* impression de souillure putride (*« je respire »,* c'est-à-dire « j'exhale une odeur de... ») ; le désir est confondu avec le crime *(« l'inceste »),* le fantasme avec la réalité (v. 1271-1272), *« l'imposture »* accomplie (la calomnie) avec celle projetée (le meurtre) ; les répétitions, si fréquentes dans l'écriture théâtrale du temps (« implore, brûle, crime, sang », etc.) sont les signes de l'**émotion intense,** des **obsessions** qui torturent ; reprise d'une crise à l'autre des expressions qui s'opposent (*« un sang odieux »,* v. 1260 ; *« le sang innocent »,* v. 1272) pour dire le revirement tragique de l'être, sa douloureuse instabilité ; mêmes sonorités dans la fureur et la plainte : stridences du *i* (v. 1255-1257 ou 1269-1272), éclats des *« a »* (v. 1253-1254 ; rimes des vers 1257-1258), sonorités étouffées, nasalisées (v. 1259-1260 ; 1268-1269).

3. « Misérable ! et je vis ? » (v. 1273-1294) : Un cri de douleur et d'horreur annonce la dernière vision de Phèdre ; une **comparution** encore, fantasmatique, pour celle qui n'a pas cessé, hantée par sa culpabilité, de comparaître (devant Œnone, Hippolyte, sa conscience, et bientôt Thésée) ; Phèdre est sous les regards de sa famille divine, de son ancêtre maternel, le *« sacré soleil »* (un tour saisissant), de son aïeul paternel, Zeus ; la vision s'élargit, jusqu'aux limites de *« l'univers »* (v. 1276). Poésie envoûtante dans cette évocation, mais surtout une **thématique symbolique :** le Soleil, le Jour, les dieux d'en haut figurent la dimension exigeante et meurtrière de la conscience, la loi morale réprouvant et sanctionnant le désir coupable. Perspective **janséniste,** ou **métaphysique :** le « Dieu caché » demande des comptes à la pécheresse ; explication **psychocritique :** le haut représente le pôle le plus conscient de l'être, celui qui surveille le pôle le plus inconscient. Une épouvante sacrée, ou viscérale *(« Où me cacher ? »)* saisit Phèdre, désorientée, orientée vers le bas. Un refuge peut-être : la mort (v. 1278) vers lequel s'élance le vers 1277 ; un espoir qui se brise net (v. 1279) ; annoncée par les divins aïeux, la figure du **père** surgit, et c'est celle d'un **juge** suprême, habilité à formuler la dernière et irrévocable sentence (v. 1278-1280) : une image hiératique (v. 1278), une atmosphère d'épouvante *(« urne fatale » ; « sévères mains » ; « pâles humains »),* un nom, redoutable symbole de sagesse et de justice, *« Minos » ;* un mythe antique d'une grande intensité poétique, d'une sombre étrangeté ; un théâtral avatar du Dieu de colère du Jugement Dernier ; ou encore une saisissante incarnation de l'instance supérieure de l'être, réprimant les pulsions coupables.

Et voici le **fantasme** le plus profond, de culpabilité et de persécution : la victime présentée au juge (v. 1281-1282) dont la figure s'anime de façon dramatique ; un ample quatrain culminant sur la scène de l'aveu (v. 1283-1284) qui n'est pas délivrance mais torture *(« Contrainte ») ;* des excès de langage *(« tant de forfaits... » ; « Et des crimes... »)* qui révèlent un véritable **délire masochiste,** anticipation de l'expiation et de la condamnation ; frémissement des *« r »,* dureté des dentales pour dire les exaspérations plaintives de la voix et de l'âme. La réalité vacille (v. 1285-1288) : apostrophes directes au père, substantifs terrifiants *(« urne, supplice, sang, bourreau ») ;* rythme haletant, montant avec la reprise *(« Je crois voir... » ; « Je crois te voir... »).* Le cri de la plus grande détresse *(« Pardonne ! »).* Tentative pour se disculper (v. 1289 : Vénus ou le Dieu des jansénistes ?) ; **ambivalence tragique :** fatalité perverse ou passion tapie au fond de l'être ? Des *« fureurs »* qui sont peut-être une vengeance : pour quel crime ? Une métaphysique et une psychologie aussi âpres l'une que l'autre chez Racine. Un impur regret, celui de n'avoir pu profiter du péché (v. 1291-1292) ? Dernier sursaut de révolte ? Dernière plainte plutôt devant l'échec total d'une vie : deux distiques vont en s'étirant, sans pauses marquées, remplis des sonorités plaintives du *i,* en un pathétique diminuendo (v. 1291-1294).

Un délire inévitable, conduisant au terrible éclat de la rupture avec Œnone, à l'ultime **solitude du personnage tragique,** marqué du signe de la folie, voué à la mort. Une figure exemplaire, façonnée par le « tendre » et le « cruel » Racine. Un récitatif inoubliable, tant la **fureur** et la **plainte** passent par la nécessaire médiation de la **poésie :** seule la conjonction de l'esthétique et du fatal permet d'approcher le tragique et d'en avoir le sentiment.

Documentation, essais, recherches

1. Le père. Étudiez-en la figure dans le théâtre de Racine et comparez tous ces pères terribles que sont Créon *(La Thébaïde)*, Mithridate (dans la tragédie du même nom), Agamemnon *(Iphigénie)*, Thésée et Minos *(Phèdre)*; appréciez l'ambivalence de l'image paternelle, et son évolution de Mithridate à Thésée.

2. Les « visionnaires ». Les personnages raciniens ont souvent des comportements pathologiques et chez eux « la **folie** a des chances d'être une dimension profonde » (J. Schérer) ; vous examinerez les « cas » Oreste, Hermione *(Andromaque)*, leurs « furies » et leurs délires ; la monstruosité naissante de Néron *(Britannicus)*; les états dépressifs d'Antiochus *(Bérénice)*, d'Atalide *(Bajazet)*; les « visions » de Mithridate ; dans la langue du XVIIe siècle est « visionnaire » celui qui n'est pas à proprement parler un fou mais s'abandonne à des fantasmes, à des visions particulières qui le poussent à des actions inadaptées : l'héroïne de *Phèdre* l'est presque constamment, ainsi qu'Hermione ; vous pourrez par ailleurs étudier le thème de la folie dans la comédie des *Plaideurs*.

3. La jalousie. Vous en étudierez le rôle (c'est un ressort dramatique) et la conception (c'est une composante fondamentale de l'amour) dans le théâtre racinien ; regardez-la à l'œuvre dans l'âme de Roxane, d'Atalide, de Mithridate, d'Oreste, d'Hermione, etc.

4. Intertextualité. Vous pouvez comparer la conception que se fait Racine de la **jalousie** avec celle de ses contemporains : Molière *(Le Misanthrope)*, Mme de La Fayette *(La Princesse de Clèves)*, etc. ; ou bien rapprocher la peinture racinienne de cette maladie de l'âme des analyses aiguës de Marcel Proust *(Un amour de Swann)*.

5. Ériphile et Phèdre. L'une et l'autre rôdent, torturées, autour du couple des amants ; montrez que le personnage secondaire d'*Iphigénie* est l'ébauche du personnage principal de *Phèdre*.

6. Les deux amours. Chez Racine « l'amour-péché est nostalgie de l'innocence... C'est dire que la passion amoureuse garde toujours, dans la tragédie racinienne, une ambiguïté fondamentale. Elle y est la manifestation la plus nette du déchirement de l'homme entre la terre où il est condamné à vivre et le lointain paradis dont il garde la nostalgie » (J. Morel) ; vous apprécierez le bien-fondé de cette affirmation à la lumière de la scène VI du quatrième acte de *Phèdre*, ou de toute la tragédie, ou d'œuvres comme *Britannicus* et *Bajazet*.

7. Essai. Un critique contemporain estime, à propos de *Phèdre*, que « ce n'est pas une des moindres originalités de cette tragédie que d'avoir pleinement réalisé la théâtralisation des dieux » (J. Schérer) ; commentez et discutez le cas échéant ce jugement.

8. Essai. Même travail à propos d'une autre affirmation du même critique : « Il ne faut pas reculer devant l'affirmation générale qui est une des clefs du théâtre racinien : les dieux sont des monstres. »

9. Essai. Peut-on souscrire sans réserves à cette analyse de *Phèdre* : « Racine nous donne ici une tragédie grecque, et non une tragédie janséniste. Les sentiments des personnages, et surtout leur théologie, ne reflètent ni Versailles, ni Port-Royal. Le dramaturge a tenté de faire vivre sur le théâtre la Fable, avec sa nature somptueuse, vivante, et souvent terrible... *Phèdre* est, avant tout, un poème mythologique, une tentative inouïe pour représenter fidèlement l'univers et les croyances et la vie intérieure des primitifs » (A. Niderst) ?

ACTE V : LE TRIOMPHE DE LA MORT

L'acte du « dénouement ».

Ce terme technique est à mettre en rapport avec le « nœud » de la pièce : c'est, bien sûr, l'issue, l'achèvement de l'histoire, « le point où aboutit et se résout une intrigue », et plus précisément « un événement qui tranche le fil de l'action... par la consommation du malheur... » (Marmontel). Les théoriciens et les auteurs dramatiques de l'époque classique s'entendent à le rendre :

a) **nécessaire :** le hasard doit en être banni, et les seules passions des personnages enfantent la catastrophe;

b) **complet :** le sort de tous les héros de la pièce doit être fixé, et tous les problèmes trouvent une solution;

c) **rapide :** le drame doit s'accélérer en quelque sorte car « le spectateur est... dans l'impatience de voir la fin » (Corneille).

Enfin lorsqu'ont résonné les dernières paroles des acteurs, s'instaure comme une sorte de **stabilité,** après les luttes, les hésitations et les angoisses ou les espoirs : dans la tragédie cette stabilité est d'ordinaire celle du malheur. Qu'en est-il de ces exigences si l'on examine le dénouement de *Phèdre?*

Une double causalité.

Dans la tragédie grecque « rien de ce qui arrive n'arrive sans le vouloir d'un dieu; mais rien de ce qui arrive n'arrive sans que l'homme y participe et y soit engagé : le divin et l'humain se combinent, se recouvrent » (J. de Romilly); il en est de même dans *Phèdre.* Certes **l'intervention des dieux** provoque la catastrophe (et ce « deus ex machina » peut sembler extérieur au monde des hommes, à l'intrigue), mais **les passions humaines** l'ont rendue inévitable : le monstre marin cause la mort d'Hippolyte, mais aussi son amour qui l'a poussé à partir, et l'a surtout conduit à négliger ses occupations habituelles, les soins ordinaires, par exemple à donner à ses chevaux, lesquels n'obéiront plus à la voix de leur maître à l'instant fatidique; quant à Phèdre, elle meurt victime de Vénus, c'est-à-dire de sa passion interdite et funeste, comme de son exigence de pureté. Il est indéniable cependant que la présence de la divinité, déjà sensible dans *Iphigénie,* s'épanouit pleinement dans la dernière tragédie profane de Racine (avant de réapparaître dans *Athalie*). Ce n'est pas la moindre originalité de la pièce que de restituer aux dieux leur rôle tragique.

Une savante gradation.

Comme il convenait, l'auteur a reculé le plus possible l'issue funeste : les quatre premières scènes peuvent encore laisser quelque doute, faites comme elles sont des hésitations de Thésée ou de tentatives pour échapper au malheur ou convaincre le roi de son erreur, mais les trois dernières sont consacrées au **triomphe de la mort ;** on peut leur appliquer le mot de Mme de Sévigné sur le dénouement de *Bajazet* : c'est une « grande tuerie ». Trois morts ponctuent cette fin : la plus misérable, celle d'Œnone, précède et annonce les deux autres, celle, héroïque, d'Hippolyte, et celle, pathétique, de Phèdre. Le sort de Thésée et d'Aricie, voués au chagrin et au deuil, n'est pas plus enviable ; pourtant leur réconciliation ultime, l'adoption d'Aricie introduisent « une dimension providentialiste... une pierre d'attente vers un espoir plus fondamental » (J. Morel). La catastrophe tragique est irréparable, mais quelque lueur l'éclaire : ici la splendeur future d'Athènes. La misère et la grandeur de l'homme, du devenir humain, sont indissociables. C'est le **clair-obscur tragique ;** c'est le secret retrouvé de la tragédie antique.

Scène première

HIPPOLYTE, ARICIE, ISMÈNE

ARICIE. – Quoi ! vous pouvez vous taire en ce péril extrême ?
Vous laissez dans l'erreur un père qui vous aime ?
Cruel, si de mes pleurs méprisant le pouvoir,
Vous consentez sans peine à ne me plus revoir,
Partez, séparez-vous de la triste Aricie ;
Mais du moins en partant assurez[1] votre vie,
Défendez votre honneur d'un reproche honteux,
Et forcez votre père à révoquer[2] ses vœux.
Il en est temps encor. Pourquoi, par quel caprice,
Laissez-vous le champ libre à votre accusatrice ?
Éclaircissez[3] Thésée.

HIPPOLYTE. – Hé ! que n'ai-je point dit !
Ai-je dû[4] mettre au jour l'opprobre de son lit ?
Devais-je, en lui faisant un récit trop sincère[5],
D'une indigne rougeur couvrir le front d'un père ?

1. Mettez en sûreté. – **2.** Désavouer, annuler. – **3.** Éclairez, informez clairement. – **4.** Aurais-je dû (latinisme). – **5.** Fidèle, véridique.

Vous seule avez percé ce mystère odieux.
Mon cœur pour s'épancher n'a que vous et les dieux.
Je n'ai pu vous cacher, jugez si je vous aime,
Tout ce que je voulais me cacher à moi-même.
Mais songez sous quel sceau[6] je vous l'ai révélé.
Oubliez, s'il se peut, que je vous ai parlé,
Madame, et que jamais une bouche si pure
Ne s'ouvre pour conter cette horrible aventure.
Sur[7] l'équité des dieux osons nous confier[8] :
Ils ont trop d'intérêt à me justifier;
Et Phèdre, tôt ou tard de son crime punie,
N'en saurait éviter la juste ignominie.
C'est l'unique respect que j'exige de vous.
Je permets tout le reste à mon libre courroux.
Sortez de l'esclavage où vous êtes réduite;
Osez me suivre, osez accompagner ma fuite;
Arrachez-vous d'un lieu funeste et profané
Où la vertu respire un air empoisonné;
Profitez, pour cacher votre prompte retraite[9],
De la confusion que ma disgrâce y jette.
Je vous puis de la fuite assurer les moyens :
Vous n'avez jusqu'ici de gardes que les miens;
De puissants défenseurs prendront notre querelle[10],
Argos nous tend les bras, et Sparte nous appelle*;
A nos amis communs portons nos justes cris,
Ne souffrons pas que Phèdre, assemblant nos débris[11],
Du trône paternel nous chasse l'un et l'autre,
Et promette à son fils ma dépouille[12] et la vôtre.
L'occasion est belle, il la faut embrasser...
Quelle peur vous retient? Vous semblez balancer?
Votre seul intérêt m'inspire cette audace.
Quand je suis tout de feu, d'où vous vient cette glace?
Sur les pas d'un banni craignez-vous de marcher?

---

6. Le sceau du secret. – **7.** Cette préposition a un emploi plus étendu à l'époque que de nos jours (= à). – **8.** Faire confiance. – **9.** Départ, fuite. – **10.** Cause, parti. – **11.** Les restes de notre fortune (terres, pouvoirs). – **12.** Succession.

*** v. 1366.** Argos se trouvait sur la route de Sparte : la constante rivalité de cette puissante cité du Péloponnèse avec Athènes appartient en réalité aux temps historiques, à l'époque de la Grèce « classique »; Racine la reporte en arrière pour imaginer que la cité dorienne ne pourra qu'accueillir favorablement Hippolyte et Aricie, devenus les ennemis du roi d'Athènes.

ARICIE. – Hélas! qu'un tel exil, Seigneur, me serait cher[13]!
Dans quels ravissements, à votre sort liée,
Du reste des mortels je vivrais oubliée!
Mais n'étant point unis[14] par un lien si doux,
Me puis-je avec honneur dérober[15] avec vous?
Je sais que sans blesser l'honneur le plus sévère,
Je me puis affranchir des mains de votre père :
Ce n'est point m'arracher du sein de mes parents,
Et la fuite est permise à qui fuit ses tyrans.
Mais vous m'aimez, Seigneur, et ma gloire alarmée...

HIPPOLYTE. – Non, non, j'ai trop de soin de votre renommée.
Un plus noble dessein m'amène devant vous :
Fuyez vos ennemis, et suivez votre époux.
Libres[16] dans nos malheurs, puisque le ciel l'ordonne,
Le don de notre foi ne dépend de personne.
L'hymen n'est point toujours entouré de flambeaux.
Aux portes de Trézène, et parmi ces tombeaux*,
Des princes de ma race antiques sépultures,
Est un temple sacré formidable[17] aux parjures.
C'est là que les mortels n'osent jurer en vain[18] :
Le perfide y reçoit un châtiment soudain;
Et craignant d'y trouver la mort inévitable,
Le mensonge n'a point de frein plus redoutable.
Là, si vous m'en croyez, d'un amour éternel
Nous irons confirmer le serment solennel;
Nous prendrons à témoin le dieu qu'on y révère;
Nous le prierons tous deux de nous servir de père.
Des dieux les plus sacrés j'attesterai[19] le nom;
Et la chaste Diane, et l'auguste Junon*,
Et tous les dieux enfin, témoins de mes tendresses,
Garantiront la foi[20] de mes saintes promesses.

ARICIE. – Le roi vient. Fuyez, Prince, et partez promptement.
Pour cacher mon départ, je demeure un moment.
Allez, et laissez-moi quelque fidèle guide,
Qui conduise vers vous ma démarche[21] timide[22].

13. Rime normande. – **14.** La construction du participe est plus libre à l'époque que de nos jours. – **15.** Enfuir. – **16.** Terme apposé à nous, contenu dans « notre ». – **17.** « Qui inspire la terreur » (sens étymologique). – **18.** Sans fondement. – **19.** Prendrai à témoin. – **20.** Loyauté. – **21.** Marche (sens premier). – **22.** Craintive, peureuse.

* v. 1392. Aux portes des cités antiques, le long des voies d'accès s'échelonnaient les tombeaux, simples stèles ou mausolées grandioses, qu'ont souvent dégagés les fouilles archéologiques modernes.
* v. 1404. Diane (Artémis) est cette déesse, vierge et chasseresse, qu'Hippolyte révère exclusivement dans la tragédie d'Euripide ; Junon (Héra), femme légitime du maître des dieux, était, à ce titre, la protectrice des épouses, des femmes qui avaient un statut juridique reconnu dans la cité (à Rome, les « matrones ») ; elle présidait à leurs noces et à leurs accouchements. Placé sous l'auguste patronage de ces deux déesses, le mariage d'Hippolyte et d'Aricie sera on ne peut plus convenable et légitime.

Guide d'analyse

Le silence d'Hippolyte. Tous les efforts d'Aricie tendent dans cette scène à faire revenir le jeune homme sur un silence qui lui est incompréhensible *(« Pourquoi, par quel caprice... ? »)*, mais qui appartient en fait à la **tradition** théâtrale. Hippolyte se tait par amour filial, pour ne pas contribuer au déshonneur public d'un père trahi par son épouse, par dégoût de l'impur, du mal, et s'il exige d'Aricie le même comportement, c'est pour qu'*« une bouche si pure »* ne soit pas profanée ; enfin cet esprit religieux a foi dans *« l'équité des dieux »*. Plusieurs raisons en fait à ce silence :
a) l'une est **dramatique :** c'est un ressort nécessaire de la pièce, l'une des causes de la mort du jeune homme ;
b) l'autre est d'ordre **esthétique :** Hippolyte est comme prisonnier du statut de héros : sa gloire aurait été ternie aux yeux des spectateurs s'il avait accusé avec violence une femme, même coupable ; son mutisme atteint au sublime et sa magnanimité est à la pointe extrême de l'héroïsme ;
c) une dernière enfin relève du **tragique :** l'attitude du héros en fait une victime, mieux un martyr. Le personnage est décidément construit pour susciter l'émotion tragique, faite de pitié (d'attendrissement) et d'admiration, pour provoquer la sympathie (au sens plein du terme) dans le cœur du spectateur.

Le dernier rêve. Ceci dit, les deux amants œuvrent ici pour leur bonheur commun, et il est certain que la scène relève de ce point de vue de la **veine romanesque :** cette fuite des amants, opprimés par un père cruel, cette atmosphère de conspiration, ces ardents préparatifs, on les trouvait dans les romans et les tragédies romanesques du temps ; il n'est pas jusqu'à l'attitude de l'héroïne, si moquée parfois par des critiques modernes, qui ne soit en accord avec le code de l'honnêteté mondaine : une jeune fille convenable ne peut se risquer à pareilles extrémités que si son honneur est sauf et les bienséances respectées ; la *« gloire alarmée »* d'Aricie, son souci d'obtenir le mariage, loin de faire sourire, suscitaient l'admiration et l'émotion du public au XVIIe siècle. A la pureté d'Hippolyte correspond celle d'Aricie ; et les **noces spirituelles** des deux amants semblables ne manquent pas de grandeur. Enfin le spectateur, au fait de la tradition, connaît la suite de l'histoire, et du même coup s'émeut de voir devant lui des victimes ignorantes, parées de toutes les grâces et de toutes les vertus ; **l'ironie tragique** est elle aussi au rendez-vous.

1. *Appréciez les oscillations de cette scène entre les* ***tonalités élégiaque et dramatique :*** *laquelle l'emporte et pourquoi ?*

2. *Pourquoi Racine a-t-il placé cette scène aussitôt après les longues plaintes de Phèdre, que le spectateur garde en mémoire après l'entracte ?*

3. *Quel rôle exact joue* **Aricie** *dans la première partie de la scène ? Quelle action s'est engagée, d'après ses premières paroles, pendant l'entracte ?*

4. *Étudiez le tableau final des noces d'Hippolyte et d'Aricie, son* ***ambiguïté tragique ;*** *ce sont les derniers vers que Racine ait mis dans la bouche du héros avant qu'il ne quitte la scène : pourquoi ?*

Scène II

THÉSÉE, ARICIE, ISMÈNE

THÉSÉE. – Dieux! éclairez mon trouble[1], et daignez à mes yeux
Montrer la vérité, que je cherche en ces lieux!

ARICIE. – Songe à tout, chère Ismène, et sois prête à la fuite.

Scène III

THÉSÉE, ARICIE

THÉSÉE. – Vous changez de couleur, et semblez interdite,
Madame. Que faisait Hippolyte en ce lieu?

ARICIE. – Seigneur, il me disait un éternel adieu.

THÉSÉE. – Vos yeux ont su dompter ce rebelle courage,
Et ses premiers soupirs sont votre heureux ouvrage.

ARICIE. – Seigneur, je ne vous puis nier la vérité :
De votre injuste haine il n'a pas hérité;
Il ne me traitait point comme une criminelle.

THÉSÉE. – J'entends; il vous jurait une amour éternelle.
Ne vous assurez point sur[2] ce cœur inconstant,
Car à d'autres que vous il en jurait autant.

ARICIE. – Lui, Seigneur?

THÉSÉE. – Vous deviez[3] le rendre moins volage :
Comment souffriez-vous cet horrible partage?

ARICIE. – Et comment souffrez-vous que d'horribles discours
D'une si belle vie osent noircir le cours?
Avez-vous de son cœur si peu de connaissance?
Discernez-vous[4] si mal le crime et l'innocence?
Faut-il qu'à vos yeux seuls un nuage odieux
Dérobe sa vertu qui brille à tous les yeux?
Ah! c'est trop le livrer à des langues perfides.
Cessez; repentez-vous de vos vœux homicides;
Craignez, Seigneur, craignez que le ciel rigoureux
Ne vous haïsse assez pour exaucer vos vœux.

1. Mettez-moi en état de voir clair, moi qui suis dans le trouble. – **2.** Ne mettez pas votre confiance en... – **3.** Vous auriez dû. – **4.** Distinguez-vous.

Souvent dans sa colère il reçoit[5] nos victimes,
Ses présents sont souvent la peine[6] de nos crimes.

THÉSÉE. – Non, vous voulez en vain couvrir son attentat[7]
Votre amour vous aveugle en faveur de l'ingrat.
Mais j'en crois des témoins certains, irréprochables :
J'ai vu, j'ai vu couler des larmes véritables[8].

ARICIE. – Prenez garde, Seigneur : vos invincibles mains
Ont de monstres sans nombre affranchi les humains,
Mais tout n'est pas détruit, et vous en laissez vivre
Un... Votre fils, Seigneur, me défend de poursuivre.
Instruite[9] du respect qu'il veut vous conserver,
Je l'affligerais trop si j'osais achever.
J'imite sa pudeur[10], et fuis votre présence
Pour n'être pas forcée à rompre le silence.

5. Accepte. – **6.** Châtiment (sens étymologique). – **7.** Le fait qu'il ait attenté à l'honneur. – **8.** Sincères. – **9.** Informée, avertie. – **10.** Discrétion, réserve.

Guide d'analyse – Scènes II et III

Une dernière tentative. D'un côté Thésée, sa cruauté, son ironie, son persiflage, son obstination, de l'autre *« la sœur des cruels Pallantides »* qui se défend à armes égales, et distille des accusations de plus en plus précises, jusqu'au bord de l'aveu : « Aricie alors, riposte avec une ferme et tragique grandeur. Aricie est vraiment un personnage de la trempe de Phèdre et de Thésée... Sa rage la suffoque. Elle écume de colère... Le voici ce *« discours commencé tant de fois, interrompu toujours »* (v. 1451-1452). Elle ne tient pas en place. Elle est « tous ergots sortis ». Puis « brusquement elle s'arrête. Un temps : Thésée immobile, attend. Mais elle ne le voit même plus. Sa pensée tout à coup s'est remplie d'Hippolyte. (...) Elle se détourne de Thésée. Sa colère est subitement tombée... Elle s'est conduite tout à coup comme si elle répondait à l'appel souterrain de son amant » (J.-L. Barrault). L'affrontement est **dramatique** sans aucun doute mais il s'achève de façon **pathétique :** ce n'est pas l'un des moindres effets de l'ironie tragique du sort que ce soit l'amour même d'Aricie pour Hippolyte qui la retienne en fin de compte de formuler une accusation suffisamment explicite pour convaincre Thésée et sauver le jeune homme !

1. ***La dureté de Thésée*** *est passible de plusieurs explications, contradictoires : lesquelles ? (appréciez de ce point de vue la courte scène II, nécessaire).*

2. *Étudiez les* ***changements d'attitude d'Aricie*** *tels qu'ils se marquent dans son discours, dans les différents procédés de style ; appréciez l'une de ces* ***litotes*** *chères aux classiques, et l'un des rares* ***enjambements*** *que Racine se soit permis, bien que le procédé ait été proscrit de la versification dès Malherbe.*

3. ***Quelle Aricie ?*** *On l'a trouvée « pâle », « dépourvue de dimension tragique » ; ou bien au contraire on a pris sa défense ; de quel côté penchez-vous après la lecture des scènes I et III de l'acte V ?*

Scène IV

THÉSÉE, *seul*

THÉSÉE. – Quelle est donc sa pensée? et que cache un discours
Commencé tant de fois, interrompu toujours?
Veulent-ils m'éblouir[1] par une feinte vaine?
Sont-ils d'accord tous deux pour me mettre à la gêne[2]?
Mais moi-même[3], malgré ma sévère rigueur,
Quelle plaintive voix crie au fond de mon cœur?
Une pitié secrète et m'afflige et m'étonne.
Une seconde fois interrogeons Œnone.
Je veux de tout le crime être mieux éclairci.
Gardes, qu'Œnone sorte, et vienne seule ici.

Scène V

THÉSÉE, PANOPE

PANOPE. – J'ignore le projet que la reine médite,
Seigneur, mais je crains tout du transport qui l'agite.
Un mortel désespoir sur son visage est peint,
La pâleur de la mort est déjà sur son teint.
Déjà, de sa présence avec honte chassée
Dans la profonde mer Œnone s'est lancée.
On ne sait point d'où part ce dessein furieux,
Et les flots pour jamais l'ont ravie à nos yeux.

THÉSÉE. – Qu'entends-je?

PANOPE. – Son trépas n'a point calmé la reine :
Le trouble semble croître en son âme incertaine[4].
Quelquefois, pour flatter[5] ses secrètes douleurs,
Elle prend ses enfants et les baigne de pleurs;
Et soudain, renonçant à l'amour maternelle,
Sa main avec horreur les repousse loin d'elle.
Elle porte au hasard ses pas irrésolus;
Son œil tout égaré ne nous reconnaît plus.
Elle a trois fois écrit, et changeant de pensée,
Trois fois elle a rompu[6] sa lettre commencée.
Daignez la voir, Seigneur, daignez la secourir.

---

1. Troubler mon jugement. – **2.** Sens fort : supplice, torture (la « géhenne », c'est, dans la Bible, le séjour des réprouvés, l'Enfer chrétien). – **3.** Pour ce qui est de moi-même (construction hardie). – **4.** Indécise, irrésolue. – **5.** Apaiser, faire diversion à. – **6.** Déchiré.

THÉSÉE. – O ciel! Œnone est morte, et Phèdre veut mourir?
Qu'on rappelle mon fils, qu'il vienne se défendre;
Qu'il vienne me parler, je suis prêt de[7] l'entendre.
Ne précipite point tes funestes bienfaits,
Neptune; j'aime mieux n'être exaucé jamais.
J'ai peut-être trop cru des témoins peu fidèles[8],
Et j'ai trop tôt vers toi levé mes mains cruelles.
Ah! de quel désespoir mes vœux seraient suivis!

7. Confusion fréquente à l'époque entre « près de » et « prêt à ». – **8.** En qui on peut avoir foi.

Guide d'analyse – Scènes IV et V

Une scène d'agitation. J.-L. Barrault donne les indications suivantes pour la mise en scène : « Panope, la vigoureuse, affectueuse, serviable et sensible Panope a pris place à la dernière syllabe du vers 1460. Elle s'exprime fébrilement, sans donner le temps à la poussière de retomber au sol. Débit alternativement rapide et large » et « Panope a disparu par le fond gauche. Thésée est dans la plus grande agitation. Il se heurte aux différents points de la pièce comme une sorte d'insecte tourbillonnant se heurte contre l'abat-jour d'une lampe. Prière. Le profil de Théramène apparaît lentement. Du chemin d'Évasion, il amène la Mort. Les vœux de Thésée, Neptune les a exaucés ». A cette **accélération dramatique** correspond un **crescendo dans le pathétique :** la scène monte en quelque sorte vers une prière que l'on ne peut que savoir inutile.

La mort d'Œnone. C'est la première catastrophe : elle fait l'objet d'un court récit (v. 1465-1468). Œnone se suicide, et cette forme de mort était autorisée sur la scène (Phèdre y aura droit!); à vrai dire si l'on ne voit pas la nourrice mourir en scène, c'est pour plusieurs raisons : *a*) **l'unité de lieu** ne permet pas d'assister à sa noyade; *b*) **les conditions matérielles** de la représentation aussi; *c*) **personnage secondaire,** esclave, Œnone n'a pas la même importance et ne suscite pas le même intérêt qu'une héroïne ou une reine : on relègue sans scrupule sa mort dans la coulisse; *d*) **son suicide n'est pas noble,** de par la forme choisie (la noyade est une mort honteuse), de par sa nature même (c'est un acte de folie : un *« dessein furieux »,* non un acte de courage); *e*) cette mort au fond n'a que valeur de **signe,** et Thésée ne s'y trompe pas : elle annonce d'autres morts, imminentes; elle est en cela plus **dramatique** que pathétique.

1. *En quoi le* ***monologue*** *de délibération de la scène IV était-il nécessaire? Est-il une simple répétition de la scène III de l'acte IV?* ***Comparez*** *les deux monologues du point de vue des procédés de style mis en œuvre.*

2. *Montrez que la scène IV est non seulement* ***pathétique*** *mais aussi* ***dramatique;*** *et que Racine modèle la* ***psychologie*** *de ses personnages en fonction des nécessités de l'intrigue.*

3. ***La mort d'Œnone*** *constitue-t-elle un vrai coup de théâtre? Relevez tout ce que la confidente a déjà dit de la mort et relisez ses dernières paroles; en quoi Œnone finit-elle par être un véritable personnage* ***tragique?*** *Appréciez la valeur* ***symbolique*** *du mode de suicide choisi.*

4. *Pourquoi le* ***récit*** *de Panope se refuse-t-il le pittoresque ou le concret, et se contente-t-il de termes généraux et incolores?*

5. ***Le portrait de la reine.*** *Étudiez tous les signes funestes qui y sont accumulés, sa valeur dramatique et pathétique; pourquoi Racine fait-il « rompre » à Phèdre cette lettre qu'on retrouve sur elle dans la tragédie d'Euripide?*

Scène VI

THÉSÉE, THÉRAMÈNE

THÉSÉE. – Théramène, est-ce toi ? Qu'as-tu fait de mon fils ?
Je te l'ai confié dès l'âge le plus tendre.
Mais d'où naissent les pleurs que je te vois répandre ?
Que fait mon fils ?

THÉRAMÈNE. – O soins tardifs et superflus !
Inutile tendresse ! Hippolyte n'est plus.

THÉSÉE. – Dieux !

THÉRAMÈNE. – J'ai vu des mortels périr le plus aimable,
Et j'ose dire encor, Seigneur, le moins coupable.

THÉSÉE. – Mon fils n'est plus ? Hé quoi ! quand je lui tends les bras,
Les dieux impatients ont hâté son trépas !
Quel coup me l'a ravi ? Quelle foudre soudaine ?

THÉRAMÈNE. – A peine nous sortions des portes de Trézène,
Il était sur son char*. Ses gardes affligés
Imitaient son silence, autour de lui rangés ;
Il suivait tout pensif le chemin de Mycènes ;
Sa main sur ses chevaux laissait flotter les rênes* ;
Ses superbes coursiers[1] qu'on voyait autrefois
Pleins d'une ardeur si noble obéir à sa voix,
L'œil morne maintenant et la tête baissée,
Semblaient se conformer à sa triste pensée.
Un effroyable cri, sorti du fond des flots,
Des airs en ce moment a troublé le repos ;
Et du sein de la terre, une voix formidable
Répond en gémissant à ce cri redoutable.
Jusqu'au fond de nos cœurs notre sang s'est glacé ;
Des coursiers attentifs le crin s'est hérissé.
Cependant, sur le dos de la plaine liquide,
S'élève à gros bouillons une montagne humide ;
L'onde approche, se brise, et vomit à nos yeux,
Parmi des flots d'écume, un monstre furieux.
Son front large est armé de cornes menaçantes ;
Tout son corps est couvert d'écailles jaunissantes ;

1. Ses chevaux altiers (le mot « coursier » fait partie du style noble).

Indomptable taureau, dragon impétueux,
Sa croupe se recourbe en replis tortueux.
Ses longs mugissements font trembler le rivage.
Le ciel avec horreur voit ce monstre sauvage,
La terre s'en émeut[2], l'air en est infecté;
Le flot qui l'apporta recule épouvanté.
Tout fuit; et sans s'armer d'un courage inutile,
Dans le temple voisin chacun cherche un asile.
Hippolyte lui seul, digne fils d'un héros,
Arrête ses coursiers, saisit ses javelots,
Pousse[3] au monstre, et d'un dard lancé d'une main sûre,
Il lui fait dans le flanc une large blessure.
De rage et de douleur le monstre bondissant
Vient aux pieds des chevaux tomber en mugissant,
Se roule, et leur présente une gueule enflammée
Qui les couvre de feu, de sang et de fumée.
La frayeur les emporte, et sourds à cette fois,
Ils ne connaissent plus ni le frein ni la voix;
En efforts impuissants leur maître se consume;
Ils rougissent le mors d'une sanglante écume.
On dit qu'on a vu même, en ce désordre affreux,
Un dieu qui d'aiguillons pressait leur flanc poudreux[4].
A travers des rochers la peur les précipite*.
L'essieu crie et se rompt : l'intrépide Hippolyte
Voit voler en éclats tout son char fracassé;
Dans les rênes lui-même, il tombe embarrassé[5].
Excusez ma douleur. Cette image cruelle
Sera pour moi de pleurs une source éternelle.

---

2. Sens étymologique : est ébranlée. – **3.** Employé seul, ce verbe signifie « courir, s'élancer ». – **4.** Dans la langue noble, la « poudre », c'est la « poussière ». – **5.** Entravé (sens premier).

*** v. 1499.** Dans la Grèce des héros et des rois, telle qu'on la voit chez Homère, le noble guerrier se déplace sur un char que peintures de vases et descriptions littéraires nous montrent, fait d'une haute plate-forme, de deux larges roues à quatre rayons, d'un caisson de clayonnage ou de cuir, d'un timon et d'un joug sous lequel sont attelés deux chevaux.
*** Variantes. – v. 1502 :** *« Sa main sur les chevaux laissait flotter les rênes »* (1677-1687) : la substitution de l'adjectif possessif à l'article défini prépare le spectateur ou le lecteur à mieux sentir toute l'ironie tragique du sort infligé au malheureux héros, victime en dernier ressort de ses propres chevaux ; **v. 1541 :** *« A travers les rochers la peur les précipite » :* le *« des »* substitué au *« les »* confère peut-être au vers une sonorité plus... rocailleuse.

J'ai vu, Seigneur, j'ai vu votre malheureux fils
Traîné par les chevaux que sa main a nourris.
Il veut les rappeler, et sa voix les effraie;
Ils courent; tout son corps n'est bientôt qu'une plaie.
De nos cris douloureux la plaine retentit.
Leur fougue impétueuse enfin se ralentit;
Ils s'arrêtent non loin de ces tombeaux antiques
Où des rois ses aïeux sont les froides reliques[6].
J'y cours en soupirant, et sa garde me suit.
De son généreux sang la trace nous conduit,
Les rochers en sont teints, les ronces dégouttantes
Portent de ses cheveux les dépouilles sanglantes.
J'arrive, je l'appelle, et me tendant la main,
Il ouvre un œil mourant qu'il referme soudain :
« Le ciel, dit-il, m'arrache une innocente vie.
« Prends soin après ma mort de la triste Aricie.
« Cher ami, si mon père un jour désabusé
« Plaint le malheur d'un fils faussement accusé
« Pour apaiser mon sang et mon ombre plaintive,
« Dis-lui qu'avec douceur il traite sa captive,
« Qu'il lui rende... » A ce mot, ce héros expiré[7],
N'a laissé dans mes bras qu'un corps défiguré,
Triste objet, où des dieux triomphe la colère,
Et que méconnaîtrait[8] l'œil même de son père.

THÉSÉE. – O mon fils! cher espoir que je me suis ravi!
Inexorables dieux, qui m'avez trop servi!
A quels mortels regrets ma vie est réservée!

THÉRAMÈNE. – La timide Aricie est alors arrivée.
Elle venait, Seigneur, fuyant votre courroux,
A la face des dieux l'accepter pour époux.
Elle approche; elle voit l'herbe rouge et fumante;
Elle voit (quel objet pour les yeux d'une amante!)
Hippolyte étendu, sans forme et sans couleur.
Elle veut quelque temps douter de son malheur,
Et ne connaissant[9] plus ce héros qu'elle adore,
Elle voit Hippolyte, et le demande encore.
Mais trop sûre à la fin qu'il est devant ses yeux,
Par un triste regard elle accuse les dieux,

6. Restes d'une personne morte (sans aucune nuance religieuse). – **7.** Qui a expiré. – **8.** Ne reconnaîtrait pas. – **9.** Reconnaissant.

Et froide, gémissante, et presque inanimée,
Aux pieds de son amant elle tombe pâmée[10].
Ismène est auprès d'elle; Ismène, tout en pleurs,
La rappelle à la vie, ou plutôt aux douleurs.
Et moi, je suis venu, détestant la lumière[11],
Vous dire d'un héros la volonté dernière,
Et m'acquitter, Seigneur, du malheureux emploi[12]
Dont son cœur expirant s'est reposé sur moi.
Mais j'aperçois venir sa mortelle ennemie.

10. Évanouie. – **11.** Maudissant, exécrant la vie. – **12.** Mission, tâche.

Bas-reliefs de sarcophages grecs : chars et guerriers.

Guide d'analyse

Le récit de Théramène. C'est le plus long, le plus critiqué du théâtre classique; il sert toujours d'exemple à ceux qui reprochent aux tragédies du XVIIe siècle de n'être qu'un long discours. Les classiques, qui avaient conscience du danger, ont toujours préféré l'action au récit, chaque fois que c'était possible. Comme des **nécessités** diverses, celle de respecter l'unité de lieu, celle d'observer les bienséances, ou celle de s'en tenir aux vraisemblances imposaient parfois le récit, « qui évoque par des mots une action qui n'est point représentée sur scène » (J. Schérer), les auteurs et les théoriciens s'entendirent pour en réglementer strictement l'emploi, de façon à transformer ce pis-aller en un véritable centre d'intérêt. Voici les points essentiels du code élaboré à ce sujet :
a) le récit doit être **justifié :** il raconte ce qu'on ne peut pas mettre en action;
b) il doit ajouter de l'**intérêt** à la pièce;
c) il est nécessaire que celui qui raconte une histoire ait « une raison puissante pour la raconter » et que « celui qui écoute ait juste sujet de savoir ce qu'on lui raconte » (d'Aubignac); autrement dit le récit **ne doit être gratuit** ni pour celui qui le fait ni pour celui qui l'écoute;
d) il se trouve à des **places privilégiées,** le début et la fin de la pièce.

Le récit du dénouement narre souvent la mort du héros. On peut l'envisager de façon plus précise dans sa forme et dans ses fonctions :
a) c'est un **morceau d'éloquence,** une tirade qui doit intéresser et captiver le spectateur; à vrai dire sa forme est complexe, puisqu'on distingue **le préambule,** qui attire l'attention et du personnage qui écoute, et du public qui peut être distrait, et **le récit** proprement dit, qui doit être **vraisemblable** et **pathétique;** de ce point de vue l'ordre ne peut en être chronologique : l'annonce du fait (la mort du héros) précède la narration qui détaille les causes et les circonstances; cette annonce peut être provoquée ou suivie par des questions du personnage qui écoute (ce qui donne du mouvement à la scène); des commentaires enfin peuvent entrecouper ou accompagner le récit.
b) Ses **fonctions** sont diverses : faire connaître des **événements;** peindre le **caractère** de celui qui parle et de celui qui écoute (fonction psychologique); être un **ornement,** qui fait partie de la cérémonie tragique; engendrer l'émotion, être **pathétique.**
Pour être juste, le goût de l'époque pour le récit, pour la tirade est indéniable; on les trouve, ces récits brillants et ornés aussi bien dans les romans que dans les tragédies. Au théâtre le succès du récit dépend essentiellement du talent de l'acteur : l'exercice de Théramène est on ne peut plus périlleux!

La mort d'Hippolyte. A Théramène (et non à un simple messager comme chez Euripide ou Sénèque) de raconter la mort de celui qui lui a été confié, et son récit sera un **plaidoyer** (le gouverneur ne pouvait rien contre le monstre surnaturel et le destin). Ce sera aussi et surtout une véritable **oraison funèbre,** à la gloire du héros : « Ce chant funèbre en l'honneur d'Hippolyte, amant, fils et guerrier exemplaire, impose le silence à Thésée comme au public, et tous les auditeurs communient dans la même émotion » (J. Schérer).

1. *En quoi le récit de Théramène satisfait-il aux règles spéciales énumérées ci-dessus? En quoi mérite-t-il tout particulièrement l'appellation de* ***« poème baroque »*** *appliquée par Malraux à la tragédie entière? Étudiez la composition de ce récit, son inspiration épique, ses effets dramatiques ou pathétiques, ses éléments symboliques, ses changements de rythme, etc.*

2. *Distinguez les* ***deux causes essentielles*** *de la mort du héros : laquelle est en fin de compte décisive? et pourquoi?*

3. ***Intertextualité.*** *On comparera les dernières paroles d'Hippolyte chez Racine à celles que lui prête Euripide (v. 1342-1369).*

Scène dernière

THÉSÉE, PHÈDRE, THÉRAMÈNE, PANOPE, GARDES

THÉSÉE. – Eh bien! vous triomphez, et mon fils est sans vie.
Ah! que j'ai lieu de craindre[1], et qu'un cruel soupçon
L'excusant dans mon cœur, m'alarme[2] avec raison!
Mais, Madame, il est mort, prenez votre victime :
Jouissez de sa perte, injuste ou légitime.
Je consens que mes yeux soient toujours abusés.
Je le crois criminel, puisque vous l'accusez.
Son trépas à mes pleurs offre assez de matières[3]
Sans que j'aille chercher d'odieuses lumières[4],
Qui ne pouvant le rendre à ma juste douleur,
Peut-être ne feraient qu'accroître mon malheur.
Laissez-moi, loin de vous, et loin de ce rivage,
De mon fils déchiré fuir la sanglante image.
Confus, persécuté[5] d'un mortel souvenir,
De l'univers entier je voudrais me bannir.
Tout semble s'élever contre mon injustice;
L'éclat de mon nom même augmente mon supplice.
Moins connu des mortels, je me cacherais mieux.
Je hais jusques aux soins dont m'honorent les dieux,
Et je m'en vais pleurer leurs faveurs meurtrières,
Sans plus les fatiguer d'inutiles prières.
Quoi qu'ils fissent pour moi, leur funeste bonté
Ne me saurait payer de[6] ce qu'ils m'ont ôté.

PHÈDRE. – Non, Thésée, il faut rompre un injuste silence;
Il faut à votre fils rendre son innocence.
Il n'était point coupable.

THÉSÉE. – Ah! père infortuné!
Et c'est sur votre foi[7] que je l'ai condamné!
Cruelle, pensez-vous être assez excusée...

PHÈDRE. – Les moments me sont chers, écoutez-moi, Thésée.
C'est moi qui sur ce fils chaste et respectueux
Osai jeter un œil profane, incestueux.

1. Trembler (l'emploi du verbe sans complément est peu usuel). – 2. M'épouvante. – 3. Causes, sujets. – 4. Éclaircissements. – 5. Poursuivi par. – 6. Ne saurait compenser... – 7. Parole, assurance.

Le ciel mit dans mon sein une flamme funeste;
La détestable[8] Œnone a conduit tout le reste.
Elle a craint qu'Hippolyte, instruit de ma fureur,
Ne découvrît[9] un feu qui lui faisait horreur.
La perfide, abusant de ma faiblesse extrême,
S'est hâtée à vos yeux de l'accuser lui-même.
Elle s'en est punie, et fuyant mon courroux,
A cherché dans les flots un supplice trop doux.
Le fer aurait déjà tranché ma destinée;
Mais je laissais gémir la vertu soupçonnée.
J'ai voulu, devant vous exposant[10] mes remords,
Par un chemin plus lent descendre chez les morts.
J'ai pris, j'ai fait couler dans mes brûlantes veines
Un poison que Médée apporta dans Athènes*.
Déjà jusqu'à mon cœur le venin parvenu
Dans ce cœur expirant jette un froid inconnu,
Déjà je ne vois plus qu'à travers un nuage
Et le ciel et l'époux que ma présence outrage;
Et la mort, à mes yeux dérobant la clarté,
Rend au jour qu'ils souillaient toute sa pureté.

PANOPE. – Elle expire, Seigneur.

THÉSÉE. – D'une action si noire
Que ne peut avec elle expirer la mémoire!
Allons, de mon erreur, hélas! trop éclaircis,
Mêler nos pleurs au sang de mon malheureux fils!
Allons de ce cher fils embrasser ce qui reste,
Expier la fureur d'un vœu que je déteste.
Rendons-lui les honneurs qu'il a trop mérités,
Et pour mieux apaiser ses mânes irrités,
Que malgré le complot d'une injuste famille
Son amante aujourd'hui me tienne lieu de fille!

8. Haïssable. – 9. Révélât. – 10. Montrant, présentant (sans valeur didactique).

*** v. 1638.** Fille du roi Aeétès, le frère de Pasiphaé, et par conséquent cousine de Phèdre, Médée s'était réfugiée à Athènes après que Jason l'eut abandonnée et qu'elle l'en eut puni de l'horrible manière que l'on sait. Égée l'avait épousée : aussi essaya-t-elle, mais en vain, de faire périr Thésée lorsque celui-ci vint se faire reconnaître par son père. Magicienne, Médée était experte en philtres et en poisons.

Guide d'analyse

La mort en scène. A Phèdre seule est donné le droit de mourir sur le théâtre. Alors que dans la deuxième moitié du XVIIe siècle on évite de montrer la mort ou les morts aux spectateurs et que le meurtre est proscrit par les bienséances, une exception est faite pour le **suicide;** un critique du temps en donne la raison : sur scène « il ne faut jamais répandre le sang de personne, mais on y peut verser le sien, quand on y est porté par un beau désespoir ; c'était une action consacrée chez les Romains » (et les Grecs également). Considéré comme un acte de courage, signe de l'élection héroïque et tragique, le suicide a beau être condamné par la morale chrétienne, il a une place d'honneur sur le théâtre ! Il est nécessaire et plaît au public, parce qu'**admirable et pathétique.** Les bienséances cependant apportaient quelques restrictions à sa représentation : cette dernière est placée tout à la fin de la pièce pour que le cadavre ne reste pas trop longtemps sous les yeux du public ; on évite de montrer le geste fatal : le héros vient mourir sur la scène après s'être percé d'un poignard ou avoir bu le poison dans la coulisse ; ou bien encore si le geste est fait en scène, le héros va mourir derrière le théâtre : on l'emporte avant le dernier instant.

La mort parlée. Phèdre, qui s'est empoisonnée (et le poison a des effets suffisamment lents pour rendre vraisemblable le bref discours qu'elle prononce en scène) comparaît une dernière fois, avoue son crime et réhabilite définitivement le héros calomnié. Son **acte de confession** est aussi dramatique que pathétique ; il est également **poème funèbre,** unissant d'admirable façon l'esthétique et le fatal. Quelques indications de J.-L. Barrault peuvent aider à voir la scène, son début : « Silence angoissant pendant lequel Thésée, toujours au premier plan gauche, se retourne lentement sur lui-même dans la direction de Phèdre. Celle-ci avance péniblement jusqu'au plein milieu de la scène. Elle s'arrête, l'œil vague, lointain, orienté de face. Elle fait signe à Panope de la laisser. Panope, avec hésitation et discrétion, s'écarte. Phèdre se tient encore, mais tout juste, debout. Silence encore. Enfin Thésée parle... » ; ou sa fin : « Phèdre, maintenant, gît à terre, entièrement consumée. Tous regardent Thésée qui, après un temps très court, se détourne et, gravement, change intentionnellement de timbre. Il ne connaît plus que son fils et ne songe plus qu'à réparer ses torts... Thésée a un coup d'œil vers le cadavre, puis se détournant résolument de lui, il achève sa réplique, et, avec la dernière syllabe, disparaît implacablement. Théramène et le garde sont pétrifiés. Et tandis que le rideau tombe très lentement de haut en bas, Panope, très lentement aussi et de haut en bas, voile, selon le rite antique, le visage éteint de Phèdre. »

1. *Une des exigences de la dramaturgie classique quant au* ***dénouement*** *était qu'il fût* ***rapide :*** *appréciez cette dernière scène de ce point de vue.*

2. *Analysez les sentiments de Thésée à l'égard de Phèdre, l'ambiguïté de ses réactions ; en quoi le personnage peut-il paraître ici plus* ***pathétique*** *que tragique ? En quoi retrouve-t-il quelque* ***grandeur*** *à l'extrême fin de la scène ?*

3. *Étudiez :*a) *les* ***équivoques de la confession*** *de Phèdre ;* b) *son* ***chant funèbre,*** *dont les rythmes, les sonorités, l'écriture théâtrale (avec ses longues phrases ou ses séries de vers) doivent accompagner au mieux (avec vraisemblance et harmonie) l'actrice jusqu'à la mort même.*

4. ***Intertextualité.*** *On rapprochera la dernière réplique de la pièce de Racine de celle, également prononcée par Thésée, de la tragédie de Sénèque (v. 1265-1280) ; l'effet n'est certes pas le même.*

Documentation, essais, recherches

1. La mort dans le théâtre racinien.

a) Étudiez d'*Andromaque* à *Phèdre,* ou à *Athalie,* les représentations, les évocations, les récits et les discours de la mort.

b) **Trois suicides en scène** chez Racine : celui d'Atalide dans *Bajazet,* de Mithridate et de Phèdre dans les tragédies qui portent leur nom ; comparez-les (moyens mis en œuvre, paroles prononcées, effets dramatiques, etc.) ; vous pourrez également les rapprocher des suicides, racontés, d'Hermione dans *Andromaque,* et d'Ériphile dans *Iphigénie.*

2. Intertextualité. La mort de Phèdre chez Racine, Euripide et Sénèque : comparez tout particulièrement le discours de l'héroïne racinienne avec celui que Sénèque prête au personnage (v. 1158-1200).

3. Intertextualité. Trois récits de la mort d'Hippolyte, chez Euripide (v. 1153-1254), chez Sénèque (v. 990-1114) et chez Racine : vous apprécierez les emprunts, les retranchements, les modifications, etc. sous la plume du dramaturge français.

4. Les monstres et le monstrueux dans Phèdre. Un critique contemporain constate que « le bestiaire de cette tragédie est d'une richesse exceptionnelle... Tout animal est un monstre en puissance... Par le jeu des passions le caractère monstrueux passe des animaux ou des "brigands" aux personnages de la tragédie » (J. Schérer). Vérifiez le bien-fondé de cette affirmation ; faites un sort tout particulier au monstre marin, dont vous analyserez la... monstruosité aussi bien chez Racine que chez Euripide et Sénèque.

5. Le mythe de « Phèdre ». Outre les tragédies des poètes antiques, vous pourrez lire l'*Héroïde* IV du latin Ovide (lettre fictive adressée par Phèdre à Hippolyte) ; quant à « la fortune de *Phèdre* » (Ch. Dédéyan), elle se manifeste dans des imitations postérieures, dont celles-ci : *a)* l'opéra de Rameau, *Hippolyte et Aricie* (1733) ; *b)* le roman de Zola, *La Curée* (1871) et la pièce qu'il en a lui-même tirée, *Renée* (1881) ; *c)* le film de Dassin, *Phaedra* (1962) ; permanence, évolution ou plasticité du mythe.

6. Le procès de Phèdre. Innocente ou coupable? Un critique moderne remarque que chaque acte de la tragédie comporte une « comparution » de Phèdre : I – devant Œnone ; II – devant Hippolyte ; III – devant Thésée ; IV – devant Minos ; V – devant Thésée. En dépit des variations évidentes on peut toutes les superposer, car toutes sont en effet ressenties, vécues par Phèdre comme des comparutions devant un juge (Ch. Mauron) : à la lumière de ces lignes et en vous servant de la préface de Racine, instruisez le procès de Phèdre.

7. Intertextualité. En rapprochant l'*Hippolyte* de Garnier (pièce antérieure à 1572) et la *Phèdre* de Racine, vous chercherez à distinguer tout ce qui peut séparer une tragédie de la Renaissance d'une tragédie « classique ».

8. Essai. En quoi la tragédie de *Phèdre* correspond-elle avant la lettre à ce « théâtre de la cruauté » qu'Artaud appellera de ses vœux au XXe siècle?

9. Essai. « Si *Phèdre* réussit à enchanter les contemporains de Racine, c'est qu'ils y trouvèrent la qualité à laquelle ils étaient le plus sensibles, la valeur pathétique. » (A. Adam) : commentez et discutez cette affirmation.

10. Essai. Racine a donné lui-même l'une des clés de son théâtre en parlant de « cette tristesse majestueuse qui fait tout le plaisir de la tragédie » (Préface de *Bérénice*) : en quoi la pièce de *Phèdre* est-elle de ce point de vue exemplaire?

ANALYSE SYNTHÉTIQUE

POÉTIQUE ET MÉTAPHYSIQUE

Est **tragique** ce « qui appartient à la tragédie (*Dictionnaire* de l'Académie française, 1694). Les dramaturges et les théoriciens du XVIIe siècle ne se sont guère souciés de donner des définitions du tragique[1] : attentifs à fixer les règles d'un genre, ils se sont surtout préoccupés de « poétique ». Il faut attendre le XXe siècle pour voir paraître des études se voulant réflexion sur la notion même de tragique ; mais « il se trouve... que l'essence du tragique (s'il en est une) ne se découvre que par le truchement d'une poésie, d'une représentation, d'une création de personnages, bref que le tragique est d'abord montré *sur* des œuvres tragiques, opéré *par* des héros qui existent pleinement dans l'imaginaire. Ici la tragédie instruit la philosophie » (J. Ricœur). Dans cette perspective *Phèdre* est peut-être l'œuvre la plus propre à faire comprendre ce qu'est le tragique, ou mieux encore : à en donner le sentiment. Là est sa véritable actualité.

I. L'amour tragique

UN THÉÂTRE D'AMOUR

L'une des constantes du théâtre classique est la **peinture de l'amour :** c'était un usage si établi qu'une tragédie sans amour paraissait une gageure[2]. Corneille avait beau affirmer que la dignité du genre réclamait « quelque grand intérêt d'État, ou quelque passion plus noble et plus mâle que l'amour, telles que sont l'ambition ou la vengeance », il n'en sacrifiait pas moins au goût du temps. Racine, quant à lui, passait aux yeux de ses contemporains pour « tendre », c'est-à-dire que les spectateurs étaient surtout sensibles au charme envoûtant, à la puissance pathétique des scènes d'amour dont son théâtre était rempli ; il est vrai que seul l'amour racinien était **tragique :** dans le discours de l'époque sur cette passion (dans les romans, les poèmes ou les pièces de théâtre des rivaux de Racine), rien au juste ne relevait du tragique.

1. Visages de l'amour au XVIIe siècle.

Ils sont plus divers que ne le laisserait croire l'emploi, vague à l'époque faute d'un autre terme, du mot « amour ». On peut distinguer au moins : **l'instinct amoureux** ou le désir (ce qu'on

---

1. On se reportera à l'étude sur *Le Tragique*, Nathan, Intertextes. – **2.** Si étrange que cela paraisse, ni Eschyle, ni Sophocle n'ont peint la passion amoureuse : à Euripide revient de l'avoir montrée sur le théâtre pour la première fois.

appellerait aujourd'hui érotisme ou sexualité), dont une certaine littérature, réaliste, voire crue, montre les débordements ou les déchaînements, reflétant fidèlement à vrai dire les mœurs du temps (c'est le cas par exemple de la tragi-comédie baroque) ; **l'amour « honnête »,** celui que prône une élite mondaine, soucieuse d'accorder le désir aux impératifs de la vie en société et de réagir contre la brutalité des comportements, de reconnaître au fond la dignité et la liberté des femmes ; **l'amour précieux,** une variante raffinée du précédent : issu de la tradition courtoise, il veut s'épurer jusqu'à devenir un sentiment tout platonique, un sublime idéal ; **l'amour mystique** enfin, au haut de l'échelle : c'est celui du Bien, de la Vertu, de Dieu.

MYTHES ET RÉALITÉS

Mythes et réalités s'entremêlent ou s'opposent dans des œuvres qui posent les questions essentielles : l'amour n'est-il qu'un désir fruste ? Une passion tyrannique qui prive de repos et de paix ? Peut-il se désincarner au point de devenir un sentiment quasi religieux ? Une morale mondaine peut-elle le façonner à son gré ? etc. *L'Astrée* au début du siècle, *La Princesse de Clèves* beaucoup plus tard sont des exemples illustres de la casuistique amoureuse. Il faut, bien entendu, faire une place à part au théâtre de **Corneille,** qui donne la version héroïque, « généreuse » de l'amour, en sublimant l'instinct amoureux (le « je ne sais quoi »), en le réconciliant avec le mérite, la vertu, la « gloire », en le faisant source d'exaltation, même dans la souffrance, d'ascension, d'accomplissement de l'être au sein du couple des héros ;

L'AMOUR CORNÉLIEN

certes l'amour cornélien est aussi excès, déchirement, passion, mais il reste « raisonnable[3] », en ce qu'il finit, après conflit, par être réintégré à l'héroïsme et à une vision optimiste du monde. Il est intéressant de savoir que lorsque **Racine** se met à écrire des tragédies, **l'amour à la mode,** dans les tragédies de ses rivaux (Quinault, Thomas Corneille), ou à la Cour du jeune Louis XIV, est soit une passion brutale mais romanesque, liée aux désordres, à la jalousie, aux catastrophes, mais célébrée sans scrupules et parfaitement immorale (Boileau dénonce la « morale lubrique » des œuvres nouvelles), soit une galanterie brillante, faite de complaisance, de civilité, oscillant entre un hédonisme gracieux et le libertinage des mœurs.

2. L'amour racinien.

Son originalité est de renouer avec la tradition baroque qui se complaisait dans la peinture des passions paroxystiques, illégitimes et coupables, et par-delà celle-ci avec la conception que se faisait Euripide[4] de l'amour, force irrationnelle, plus puissante que

---

3. Georges de Scudéry, un rival de Corneille, distinguait « l'amour raisonnable » et « l'amour tyrannique ». – **4.** Ainsi dans *Andromaque, Hippolyte, Médée*, dont les héroïnes éprouvent tous les déchaînements funestes de la passion ; d'autres poètes antiques, Virgile, Ovide, ne montrent pas autre chose.

la raison, misérable faiblesse conduisant au malheur et à la mort.

LE JEU DE L'AMOUR ET DE LA MORT

Phèdre suffit à elle seule à donner la quintessence de l'amour selon Racine, **tyrannique** et **fatal.** Force est de constater d'abord que cette pièce est un **drame de la passion :** l'amour est le moteur principal de l'action puisque celui de Phèdre pour Hippolyte, celui de ce dernier pour Aricie, celui d'Aricie pour Hippolyte, et enfin celui de Thésée pour Phèdre conduisent les protagonistes à la mort ou au malheur ; Racine concevait la tragédie comme « une action simple soutenue de la violence des passions » (préface de *Bajazet*) : la passion amoureuse est de fait la machine infernale qui broie les êtres. Il faut bien reconnaître ensuite que **l'image de l'amour** est fondamentalement **noire** et **négative.** On peut croire à première vue qu'existe dans l'univers racinien un amour « raisonnable » et innocent, celui d'Hippolyte et d'Aricie : leur « *chaste amour* » (v. 1120) est en effet quasi conjugal ; il est appelé « *tendresse* » (v. 1405), il se rapproche même des figures convenues, celle de l'amour romanesque, celle de l'amour-service, de l'amour-estime (galant ou cornélien) ; qu'il soit interdit relève après tout de l'intrigue traditionnelle, celle qui accumule les obstacles devant les jeunes gens sympathiques, désireux de se marier. Et pourtant on s'aperçoit vite qu'il s'agit là d'un beau rêve, d'une image séduisante mais illusoire : les belles harmonies sont gâtées : l'amour est un **désir tyrannique,** une **aliénation** dont les amants ne voulaient pas, une sorte de reniement de soi ; il a partie liée avec un sentiment de culpabilité, plus grave que l'interdit extérieur, avec la honte, le remords ; pour décrire leur passion Hippolyte et Aricie usent du même langage[5] que Phèdre, et c'est du côté de celle-ci qu'il faut se tourner pour voir la réalité de l'amour chez Racine. De cette réalité

UNE ÂPRE PSYCHOLOGIE

l'amoureuse solitaire et torturée est l'illustration exemplaire : pour elle l'amour est surprise des sens, véritable maladie, aussi bien physiologique que psychologique, désir et délire, blessure et **folie,** asservissement et tourment (c'est ce que disent des termes, ressassés, comme « *flamme, feu, ardeur, brûler, trouble, égarements, fureur, joug, fers* », etc.) ; tout cela, Racine pouvait le puiser – et déjà le choix est significatif ! – dans une certaine tradition.

Les caractères plus proprement raciniens de l'amour sont les suivants : c'est toujours une valeur absolue, sans justification rationnelle, un sentiment inexpliqué et inexplicable, plus fort que le désir même de vivre, profondément ambivalent puisqu'il se change aisément en haine par le biais de la jalousie ; au vrai c'est un instinct prédateur, une concupiscence égoïste et furieuse, compliquée de sadisme et de masochisme, surtout si elle est contrariée. On comprend que cet amour soit frappé d'**interdit** (étant désobéissance

---

5. Il suffit de collecter les mots-clés du discours racinien (en petit nombre) pour décourir la figure de l'amour racinien.

au père, inceste et adultère dans *Phèdre*), et peu importe que Phèdre ou Hippolyte ne soient pas coupables en réalité : l'essentiel est qu'ils s'éprouvent coupables, que leur désir aille de pair avec un constant sentiment de culpabilité et une angoisse latente ou déclarée. Le théâtre de Racine devient alors **le procès de l'amour,** qui n'est plus que « *faiblesse* » ou « *vice* », comme dit la préface de *Phèdre*, ou bien encore « *funeste poison* », comme le constate Hippolyte (v. 991). On est loin de la galanterie triomphante et sans complexes du temps, de l'amour héroïque et exaltant de la génération précédente, des mythes idéalistes ou mondains. Psychologie réaliste, « naturaliste » (P. Bénichou) que celle qui dénonce l'aspect inquiétant de la passion, sa violence et sa **cruauté,** son irréductible ambiguïté, conception révolutionnaire même que celle qui réintroduit l'Éros meurtrier, pitoyable et terrifiant, dans le théâtre de l'amour, mais aussi et surtout vision pessimiste et pathétique des êtres et des choses : l'amour innocent n'existe pas ; le bonheur est impossible ; la vérité des cœurs est cruelle ; les passions conduisent les hommes à des égarements funestes, à une déchéance lucide et torturante ; l'amour tyrannique est synonyme de malheur. Décidément, l'amour racinien est « au cœur de l'univers tragique » (J. Truchet).

L'AMOUR TRAGIQUE

II. La fatalité tragique

« Qui est propre à la tragédie, c'est-à-dire évoque une situation où l'homme prend douloureusement conscience d'un destin ou d'une fatalité qui pèse sur sa vie, sa nature ou sa condition même » *(Dictionnaire* Robert*)*. Tel est le tragique. En retournant à la source antique Racine retrouvait une **perspective métaphysique** qui surperposait à toute causalité humaine une causalité divine : si les hommes contribuaient pour une bonne part à leur malheur, les dieux semblaient leur prêter pour ce faire une funeste assistance. Le théâtre racinien paraît restaurer la vieille fatalité, à tel point que la critique fataliste voit dans *Phèdre*, notamment, tantôt une tragédie grecque, tantôt une tragédie janséniste ou parle de fatalité intériorisée.

LE POIDS DU DESTIN

1. Une tragédie grecque.

La pièce est « la première, et aussi la dernière, des tragédies de Racine[6] où des dieux nommément désignés et clairement différenciés jouent un rôle important, par des actions au moins aussi efficaces que celles qui résultent des volontés humaines des personna-

6. On voit la transcendance divine et ses funestes effets dans *La Thébaïde* et surtout *Iphigénie* ; *Andromaque*, *Britannicus* ou *Mithridate* seraient des pièces « laïques ».

ges » ; à ce titre elle se présente comme une « Iliade infernale ou inversée » (J. Schérer). En effet derrière les protagonistes se profilent des **divinités païennes** qui se livrent à des jeux cruels : Vénus fait peser sur Phèdre la malédiction dont elle poursuit toute sa famille, et inspire à la jeune femme un amour coupable et malheureux ; cette même déesse finit par dompter Hippolyte qui veut se soustraire à son joug : ainsi les amours funestes trouvent-ils leur origine dans une volonté supérieure implacable. Neptune exauce sans attendre le vœu imprudent de Thésée, et envoie le monstre marin qui est la première cause, surnaturelle, de la mort de son fils ; il est remarquable que le **merveilleux** tient une place importante dans le dénouement (comme dans *Iphigénie*). Diane et Junon, la patronne d'Hippolyte et celle du mariage, sont invoquées par les jeunes gens, désireux de se marier, mais elles ne les sauvent nullement de la mort. Les quatre divinités trompent de façon machiavélique ceux qui se confient à elles : Vénus a écouté la prière de Phèdre : elle a inspiré à Hippolyte de l'amour... pour Aricie ! Le don de Neptune se retourne contre le malheureux à qui il en a fait présent ! Les amants trouvent la mort ou le malheur près du temple qui doit abriter leur mariage ! Si les dieux sont les figures du destin, ou du sort, il est juste de parler d'**ironie tragique,** et mieux encore, de perfidie, de perversité tragique[7]. Il n'est pas jusqu'au Soleil qui n'exerce une fonction terrible, comme Jupiter ou les dieux infernaux, celle de surveillant universel ou de justicier implacable. Bref les dieux cruels traquent les hommes, et une **théologie** – une mythologie – **tragique** les montre appliqués à leur œuvre funeste. On a pu dire que « l'un des thèmes fondamentaux du théâtre racinien... est la haine des dieux » (M. Butor) ; la tragédie se nourrit de la révolte à leur égard ; elle est « le lieu normal de **la mise en accusation des dieux** » (J. Schérer), ce qu'elle était, dès son origine, chez les Grecs.

LES JEUX CRUELS DES DIEUX

2. Une tragédie janséniste.

Cette cruelle métaphysique pouvait être aussi **chrétienne,** les divinités de l'Olympe étant les masques obligés, sur la scène, au XVIIe siècle, du Dieu janséniste ; *Phèdre* serait en quelque sorte la prodigieuse **métaphore** d'un christianisme sévère et intransigeant, d'une pensée religieuse tragique. Cet univers où « les moindres fautes sont sévèrement punies » (Préface), où les créatures sont épiées par un Dieu qui ne pardonne rien et dont les décrets sont incompréhensibles, où la vie intérieure est marquée par la notion de culpabilité et par l'aspiration à une vertu ou à un bien hors d'atteinte, est peut-être celui d'une théologie chrétienne intransigeante et

7. Comme le propose heureusement J. Schérer.

austère[8]. L'amour est **péché,** aveu de la faiblesse humaine ; livrée à ses appétits charnels, à la luxure, la créature est déchue, misérable, promise aux malheurs et à la mort en ce bas monde, et damnée sans recours si elle n'a pas été élue. Les contemporains firent cette interprétation[9] : le théologien janséniste Arnauld voyait en Phèdre « une chrétienne à qui la grâce a manqué ». Chateaubriand plus tard verra en elle « la réprouvée, la pécheresse ». La thèse de L. Goldmann superpose avec rigueur la « vision tragique » qu'avaient les jansénistes (dont Pascal) et le théâtre racinien : *Phèdre* est la tragédie du « juste pêcheur », personnage tragique qui ne peut ni vivre dans un monde radicalement mauvais, ni se tourner vers Dieu qui n'intervient pas pour l'aider et se tient « caché » : loin d'être providentiel[10], l'univers de la pièce est tragique parce que « sans nuance », dominé par le conflit des valeurs antagonistes (l'amour et la vertu, le Bien et le Mal, le « monde » et Dieu), des exigences contradictoires et irréalisables de la divinité (le Soleil et Vénus), que la faute du héros tragique est de croire conciliables, alors que la seule solution est dans le refus de la vie et du monde.

LE DIEU CACHÉ

3. La fatalité « intériorisée ».

Une autre position est de refuser l'explication métaphysique pour rendre à la fatalité sa véritable place : dans **le cœur même de l'homme.** Une autre critique s'est montrée soucieuse de mettre l'accent sur le dynamisme de la dramaturgie classique, fondée sur la volonté libre et active des héros, privilégiant l'explication rationaliste[11] et l'analyse psychologique, faisant de la contingence[12] un ressort de l'intrigue. Dans cette perspective « la destinée n'est qu'une étiquette accrochée aux passions » (J. Schérer), un alibi, le signe de la mauvaise foi des personnages qui aliènent volontairement leur liberté en se soumettant à l'esclavage tyrannique de l'amour : et c'est là leur vrai crime. Sans aller jusqu'à ce « tragique de la fabulation », il faut bien reconnaître **l'ambiguïté** essentielle de la **passion** qui est à la fois libre choix et asservissement, désir et contrainte (ma passion, c'est moi assurément, mais c'est aussi plus fort que moi !). Si le destin finit par surgir, s'il y a fatalité, et tragique réel, c'est parce que l'homme reconnaît en lui des forces obscures, difficiles à contrôler, des sentiments et des comportements fauteurs de troubles et de... drames ! parce qu'il souffre de cette méchanceté de lui-même et de la vie, et qu'il constate son impuissance à

LES PASSIONS HUMAINES

8. Il est remarquable que les théologiens chrétiens condamnaient le péché d'intention au même titre que le péché de fait : le désir incestueux et adultère de Phèdre serait donc une faute grave. – **9.** Cf. Lectures modernes, *Le Dieu caché.* – **10.** Commme dans *Iphigénie.* – **11.** Qui coexiste dans *Iphigénie* ou *Phèdre* avec l'explication surnaturelle. – **12.** Après tout, l'absence et le retour de Thésée peuvent être des événements contingents.

la corriger, sa défaillance constitutive. On n'a pas hésité à voir en Phèdre une malheureuse succombant sous le poids de l'**hérédité**[13], avatar moderne de l'antique destin : l'héroïne doit son tempérament avide, son désir dénaturé, sa névrose aussi à sa famille, à sa « race » : « Le Dieu qui fait peser la terreur sur le palais de Trézène, ce n'est pas celui de la théodicée catholique. C'est le nom que nous donnons à cette présence en nous d'une force qui nous est étrangère, qui nous dépasse et nous accable... Ce sang qui coule dans nos veines[14], nous ne nous le sommes pas donné » (A. Adam).

4. Tragique et transcendance.

On ne peut pas expliquer *Phèdre* comme un simple drame de la passion ou ne faire de l'héroïne qu'un « cas » psychologique ou pathologique; pas plus qu'on ne peut voir dans la pièce une pure tragédie religieuse, ou dans ses personnages les victimes passives de la divinité (quelle qu'elle soit !). « Un événement n'est pas tragique par lui-même, mais par ce qu'il signifie et cette signification est tragique lorsqu'elle introduit le signe d'une transcendance[15] » (H. Gouhier). Le problème posé est celui de la **condition humaine,**

QU'EST-CE QUE L'HOMME ?

« ordre transcendant, tragiquement réel », avec ses caractéristiques intrinsèques, les limites qui lui sont inhérentes (le mal, le malheur, la mort) : les dieux, les passions sont autant de façons de désigner tout ce qui échappe à l'homme, et qu'il ne peut contrôler, tout ce à quoi il se heurte, tout ce qui l'enferme dans l'impasse tragique. « La tragédie se définit plus par la nature des questions qu'elle pose que par celle des réponses qu'elle fournit. Et le tragique consiste à mesurer **le sort de l'homme** en général en fonction des malheurs qui sont individuels, et souvent exceptionnels. Une situation peut être triste, horrible, dramatique : dans ce cas elle inspire la pitié pour celui qui s'y trouve. On dit qu'elle est **tragique** lorsqu'il se fait une sorte de **recul**[16], grâce auquel elle apparaît comme une preuve des souffrances que l'homme peut avoir à subir, sans solution et sans recours » (J. de Romilly). *Phèdre* sans aucun doute corrobore cette analyse[17].

13. On comprend que Zola ait entrepris de donner une version moderne de *Phèdre*. – **14.** Le mot « sang » est prononcé 37 fois dans la pièce, presque toujours par Phèdre. – **15.** Le mot est préférable à celui de fatalité qui évince par trop la liberté, l'action, la responsabilité des hommes. – **16.** Là est la métaphysique. – **17.** Faite au sujet de la tragédie grecque par J. de Romilly, P.U.F.

III. La cérémonie tragique

PRENDRE CONSCIENCE DU TRAGIQUE

Plus que le tragique compte **le sentiment** que l'on en a ou que l'on parvient à en donner : c'est à une forme poétique qu'il appartient de faire naître ce sentiment, de faire rayonner en quelque sorte le tragique, ou de le cristalliser en une forme esthétique fascinante. Plus que tout le théâtre du XVIIe siècle encore, celui de Racine tend vers cette transcendance poétique aussi nécessaire que la précédente, en se faisant cérémonie ou liturgie ou poème et chant[18] (si l'on se réfère à l'expression consacrée du temps : « poème dramatique », l'accent doit se déplacer pour ainsi dire du second terme sur le premier). Plusieurs procédés marquent la **primauté de l'esthétique.**

1. Le recours au mythe.

Il trouve sa forme la plus achevée dans *Phèdre* : « Les personnages tragiques doivent être regardés d'un autre œil que nous ne regardons d'ordinaire les personnages que nous avons vus de si près » disait Racine dans la préface de *Bajazet* où il s'excusait d'emprunter son sujet et ses héros à la réalité historique contemporaine. De fait les protagonistes de *Phèdre* sont de grandes figures légendaires, sacralisées; ils ont des sentiments humains, des émotions naturelles mais ne sont plus tout à fait des êtres vivants : porteurs de noms magiques, membres de la famille épique, venus des dieux, entourés de dieux, possédés par eux, lointains et proches tout à la fois, grandis, isolés dans la lumière tragique, ils remplissent au mieux leur rôle qui est d'exprimer de façon exemplaire l'énigme et le scandale de la condition humaine, et, nés du **mythe,** de retourner au mythe. Cette transfiguration, cette stylisation, cette « royauté », d'ordre esthétique sont donc nécessaires dans la création des personnages tragiques. Dans *Phèdre* Racine parvient à « une fusion presque parfaite de ces deux dimensions : le réalisme et le mythe » (A. Niderst).

DES FIGURES EXEMPLAIRES

2. La cérémonie dramatique.

Cette même stylisation, voire un certain hiératisme, se retrouve dans la **construction** de la pièce, dans son harmonieuse architecture dramatique qui crée un « monde de miroirs » (J. Schérer) : il y a en effet une constante duplication cérémonielle au niveau des personnages (Phèdre et Hippolyte[19]), des situations (les confidences, les aveux), et des mots (les discours amoureux identiques), qui introduit l'art dans le spectacle[20] et repousse le réalisme ou le naturel; la psychologie racinienne, que l'on dit si naturaliste, est

18. Jusqu'à restaurer les chœurs antiques dans *Esther* et *Athalie*. – **19.** Hippolyte et Aricie. – **20.** Tout spectacle est duplication artistique, représentation d'une action, répétition même.

pour une bonne part tributaire de cet ordre cérémonieux[21]. La **dramaturgie classique** impose par ailleurs des **règles esthétiques** au spectacle théâtral, qui assurent la maturation de la fameuse crise tragique : les unités de lieu, de temps et d'action sont des contraintes formelles, artistiques, qui emprisonnent les héros dans le huis-clos dramatique ; les fameuses vraisemblances ou bienséances tendent à transformer la nature en une belle nature ; « L'esthétique de l'imitation [est] corrigée par une esthétique des belles idées » (J. Truchet) : les reines restent ce qu'elles doivent être, les morts trop horribles sont racontées, la fureur devient « cette tristesse majestueuse qui fait tout le plaisir de la tragédie » (Préface de *Bérénice*), etc. Corneille parlait fort bien d'une **« fiction de théâtre » :** c'était dire que la tragédie n'a pas à imiter la vie telle qu'elle est, mais à en faire une œuvre d'art. Aussi chez Racine l'**espace** n'est-il pas réel mais symbolique : lieu de mort, Trézène est une villégiature tragique, après avoir été un « royaume de vertu » (J. Schérer), et l'espace épouse l'évolution de l'action[22]. Le **temps** racinien est un présent paroxystique et cruel, coincé entre un passé écrasant (paradis de l'innocence perdue ou initiation au malheur) et un futur lourd des crimes inévitables, ou accusateur s'il est fait des possibles écartés (la renonciation au désir par exemple). Tout est donc construit, stylisé, rien n'est naturel ; le tragique est constamment esthétique.

L'ESTHÉTIQUE ET LE FATAL

3. La poésie racinienne.

Il faut bien en venir là, à une possible définition de la poésie dans le théâtre de Racine et tout particulièrement dans *Phèdre* qui tend, plus que les pièces précédentes, au **poème** (certains disent au pur poème). L'art de la tragédie classique a été « un art de la parole, relevant directement de la rhétorique et de la poésie qui en était tenue pour le prolongement » (J. Truchet) ; en d'autres termes la **langue** de Racine est, elle aussi, artificielle, produite par l'art et non par la nature, et l'on peut en relever les procédés artistiques : inversions (pas toujours imposées par la versification), personnifications, anaphores, exclamations, apostrophes, périphrases, métaphores, ou bien encore adjectifs nobles, mots abstraits, pluriels poétiques, latinismes, constructions hardies, etc. ; il y a une langue racinienne à l'intérieur de la langue, caractérisée par la **stylisation** et la **« pompe ».** Les mots se groupent en périodes, en somptueuses tirades qui sont autant de « morceaux de bravoure »,

LYRISME ET PASSION

21. Pourquoi avoir voulu qu'Hippolyte fût semblable à Phèdre, et Aricie à Hippolyte ? – **22.** Il y a toute une géographie complexe dans les pièces de Racine : la scène, lieu du répit ; la coulisse, lieu de mort ; la mer, dans *Phèdre*, lieu d'évasion et de mort, les forêts, lieu du bonheur idyllique, etc.

rythmés comme de grands airs d'opéras : et le discours devient chant en vertu de la **versification,** de la science des sonorités, de l'utilisation accomplie de toutes les possibilités musicales de l'alexandrin : « Quels vers! quelles suites de vers! Y eut-il jamais, dans aucune langue humaine, rien de plus beau ! » s'exclame Gide à propos de *Phèdre*; l'harmonie est là, au sens propre du mot, dans « ce chant pur, cette science du rythme, où des éclats brefs viennent rompre les périodes, où la phrase se tend, se prolonge, se gonfle sous l'effet de la passion, éclate et se brise dans la colère ou le désespoir[23] » (A. Adam).

Mais la poésie ne se limite pas à l'expression, si heureuse soit-elle, ou à l'écriture versifiée, si musicale qu'elle soit, elle est aussi et surtout « création d'une couleur... d'un climat poétique » (J. Schérer). Avec la légende[24], Racine retrouve dans *Phèdre* toute la puissance évocatrice, tout le charme envoûtant des poèmes anciens, de l'**épopée** antique : les noms propres (Pasiphaé, Minos, les Amazones, le Labyrinthe, etc.), les nombreuses allusions mythologiques recréent une atmosphère archaïque et somptueuse, « une Grèce colorée, hiératique et barbare » (A. Niderst), dont le pouvoir de fascination est peut-être plus grand – sans paradoxe! – à notre époque qu'à celle de Racine. Les récits concernant la geste de Thésée, sa descente aux Enfers, l'apparition du monstre, etc. déroulent devant les yeux du spectateur les fastes de l'imaginaire antique.

LE CHARME DES LÉGENDES

Les **thèmes** enfin sont ceux de la poésie éternelle : l'amour et ses tourments, la mort inéluctable, les dieux tout-puissants et les faibles mortels, les secrets énigmatiques du monde, etc. Bref, **élégiaque** ou **épique,** le poème de *Phèdre* est **lyrique,** dans les divers sens du mot; il est évocation en ce qu'il fait surgir un monde de rêves sombres et grandioses. J.-L. Barrault n'avait pas tort lorsqu'il comparait *Phèdre* à une **symphonie,** ses actes à des mouvements musicaux et ses acteurs à des artistes du « bel canto[25]; A. Adam non plus lorsqu'il voulait voir dans le *Lamento d'Arianna* de Monteverdi (le créateur de l'opéra en Italie) le meilleur commentaire possible de la pièce de Racine; à ce critique d'ailleurs on doit cette vision suggestive : « On devine une atmosphère de silence lourd, le poids des masses du vieux palais[26]; une lumière qui n'y pénètre qu'avec peine et qui n'éclairera que peu à peu les personnages du **drame sacré.** C'est dans cette pénombre hostile que s'élèvent leurs voix. Ils récitent[27] plutôt qu'ils ne disent leurs aveux et leurs

ŒUVRE D'ART

23. La poésie n'est jamais simple ornement, mais moyen d'exprimer la passion. – **24.** Qui est le traitement poétique de l'histoire. – **25.** Thésée serait baryton, Phèdre mezzo-soprano, Hippolyte ténor, Aricie soprano, Œnone contralto, Théramène basse. – **26.** « Théâtre est un palais voûté », notait le décorateur de l'Hôtel de Bourgogne. – **27.** Les constantes répétitions, les obsédantes métaphores, créent cette impression de litanie sacrée.

terreurs. Leur débit lent, leur accent monotone font penser à un culte rendu aux dieux infernaux. » L'exigence de poésie cérémonielle ou de cérémonie poétique – qu'on appelait au XVIIe siècle tendresse, délicatesse, émotion, « je ne sais quoi » – « est inscrite dans l'essence même de la tragédie » (A. Gouhier). A ce prix seulement le spectacle exerçait cette « action mystérieuse[28] » dont le *Dictionnaire* de l'Académie française faisait en 1694 la caractéristique fondamentale de toute cérémonie[29].

LES PARADOXES DU TRAGIQUE

***Phèdre* ou la tragédie :** Camus affirmait à juste titre que « la tragédie est ambiguë » : elle l'est parce qu'elle dit **l'ambiguïté** des dieux (providentiels ou cruels), de la condition humaine (misère ou grandeur; asservissement ou liberté), de la culpabilité et de la responsabilité (les erreurs ou les crimes des hommes), de la passion (fatalité ou choix), de l'héroïsme (échec ou victoire), de la mort enfin (épreuve ou preuve); sa forme aussi est ambiguë parce que la cérémonie, la poésie peuvent tout à la fois dissimuler et dévoiler le tragique, lui conférant pour ainsi dire une paradoxale sérénité. *Phèdre* est assurément une tragédie exemplaire, dans sa cruauté qui n'a d'égale que sa beauté.

---

28. La « catharsis » aristotélicienne. – **29.** « Action mystérieuse qui accompagne la solennité du culte extérieur que l'on rend à Dieu » (J. Schérer).

LES SOURCES ANTIQUES

Il y en a deux : l'une grecque, l'autre romaine. Des pièces que les grands tragiques athéniens consacrèrent à la légende d'Hippolyte et de Phèdre, nous avons conservé, entière, celle qu'Euripide offrit aux spectateurs en 428 av. J.-C. et dont le titre était le seul nom d'*Hippolyte*. On sait que Rome se mit à l'école de la Grèce : sous le règne de l'empereur Néron le philosophe Sénèque ne dédaigna pas de se faire dramaturge et de donner, entre autres tragédies imitées d'Euripide, une *Phèdre*. Ainsi était amorcé le processus d'imitation – et d'émulation – qui conduisit tant d'écrivains à reprendre la belle et sombre histoire. La comparaison entre les plus importantes de ces œuvres ne peut manquer d'être instructive.

1. Euripide

Voici le résumé de son Hippolyte *dont l'action est située à Trézène : la pièce s'ouvre sur une apparition et un monologue d'Aphrodite : la déesse de l'Amour a décidé de se venger des mépris du jeune homme, qui s'est voué à une autre déesse, la vierge Artémis. La divinité vindicative a inspiré à Phèdre un violent amour pour son beau-fils. Ce dernier paraît ensuite : on le voit offrir une couronne de fleurs à une statue d'Artémis, on l'entend faire l'éloge de la pureté et de la vertu ou prononcer des paroles désinvoltes à l'égard d'Aphrodite. Le chœur survient, qui déplore la mort prochaine de Phèdre, consumée par un mal mystérieux. Et la reine s'avance, soutenue par sa nourrice et ses servantes. Elle se laisse d'abord arracher son secret : elle a résolu de mourir pour échapper aux tourments de sa conscience et de son amour coupable. Elle finit cependant par s'en remettre aux bons offices de sa nourrice, laquelle va, de son propre chef, révéler la passion de sa maîtresse à Hippolyte. Celui-ci repousse avec violence la scandaleuse nouvelle et se lance dans une furieuse diatribe contre les femmes et leur impudence. Phèdre, qui a entendu ses sarcasmes, n'a plus qu'à se pendre, désespérée, non sans avoir au préalable accusé par écrit son beau-fils d'avoir voulu la violenter. Lorsque Thésée, qui était absent, revient au palais, il trouve la fatale dénonciation sur le corps de la reine : le courroux de l'époux, du père outragé éclate ! Hippolyte, pour avoir juré à la nourrice de taire à jamais ce qu'elle lui a appris, ne peut que protester de sa vertu et de son innocence. Thésée bannit son fils de sa présence en demandant sa mort à Poséidon. Un messager lui apprend peu après qu'au moment où l'attelage du jeune homme longeait le rivage, un taureau monstrueux est sorti des flots et que les chevaux terrifiés ont traîné et disloqué le corps de leur maître. On apporte le malheureux, à l'agonie, sur la scène. Artémis apparaît pour révéler la vérité. Hippolyte meurt, apaisé par la présence de la divinité bien-aimée, et réconcilié avec son père.*

L'aveu de Phèdre à sa nourrice

La porte du palais s'ouvre. Phèdre apparaît, soutenue par la Nourrice et suivie de servantes, qui placent sur la scène un lit de repos où elles étendent la reine.

[...] PHÈDRE. – *(Aux servantes.)* Soulevez mon corps, redressez ma tête. Je sens brisées les articulations de mes pauvres membres. Prenez mes belles mains, servantes. Ce bandeau pèse à ma tête. *(A la Nourrice.)* Ote-le, déploie les boucles sur mes épaules.

LA NOURRICE. – *(Obéissant.)* Courage! mon enfant, et ne retourne pas impatiemment ton corps. Tu porteras plus aisément ton mal avec du calme et un noble vouloir. Souffrir est d'ailleurs la loi humaine.

PHÈDRE. – Ah! que ne puis-je, à la rosée d'une source, puiser le breuvage d'une eau pure, et sous les peupliers, dans une prairie touffue, m'étendre pour reposer!

LA NOURRICE. – Ma fille, que veux-tu dire? Pourquoi soupirer après le courant des fontaines? A ta portée, attenante au palais, il est une pente aux eaux vives qui te donneraient un breuvage.

PHÈDRE. – *(S'élançant de sa couche.)* Menez-moi dans la montagne! J'irai vers la forêt, le long des pins, là où passe la meute de chasse, pressant les biches à la robe tachetée. Par les dieux! Je brûle de harceler les limiers de la voix, et, le long de ma blonde chevelure, de lancer l'épieu thessalien[1], la main armée du dard aigu[2]!

LA NOURRICE. – Pourquoi, ma fille, agiter ces pensées? Qu'as-tu à t'occuper, toi aussi[3], de la chasse? Veux-tu bien, devant tout le monde, ne pas tenir ce langage, en lançant des propos qu'emporte la démence?

PHÈDRE. – Artémis, souveraine de Limnè sur la mer[4], et des gymnases que font résonner les chevaux, que ne suis-je sur ton domaine, à dompter des poulains vénètes[5]!

LA NOURRICE. – Quelle est encore cette parole échappée à ton délire? Tout à l'heure, c'est à la montagne que t'attirait le désir de la chasse, et maintenant c'est sur l'arène à l'abri des flots que des poulains te font envie. Il faudrait un bien grand devin pour découvrir le dieu qui te secoue la bride et te fausse la raison, ma fille.

PHÈDRE. – *(Se laissant retomber sur son lit.)* Malheureuse! Qu'ai-je donc fait? Où me suis-je égarée hors du bon sens? J'ai été folle, victime du vertige envoyé par un dieu. Las! hélas! infortunée! *(A la Nourrice.)* Mère,

1. En Thessalie vivait une aristocratie militaire experte dans le maniement des armes et l'élevage des chevaux. – **2.** Hippolyte passe son temps dans les plaisirs chers à la déesse de la chasse, Artémis; rompu à tous les exercices du corps, il est l'athlète – et le guerrier – grec par excellence. – **3...** Comme les hommes. – **4.** Un sanctuaire était consacré à Artémis sur la côte voisine de Trézène : il contenait un hippodrome. – **5.** Les chevaux des Vénètes (habitant les rivages de l'Adriatique) étaient fort renommés.

de nouveau cache-moi la tête ; je rougis de mes paroles. Cache-moi : mes yeux versent des larmes, et mon regard ne voit plus que la honte. Redresser sa raison est une souffrance, et la folie, un mal. Le mieux est de mourir dans l'inconscience. [...]

La Nourrice et le chœur se lamentent sur les maux de celle qui veut abandonner la vie, et le dialogue pathétique reprend entre la reine et la vieille femme obstinée :

LA NOURRICE. – [...] *(A Phèdre.)* Sache-le pourtant – doivent ces raisons te trouver plus intraitable que la mer – si tu meurs, tu trahis tes fils : ils n'auront point de part au bien maternel, j'en atteste la royale Cavalière, l'Amazone qui à tes enfants donna pour maître un bâtard aux prétentions de fils légitime – tu le connais bien, Hippolyte.

PHÈDRE. – Las !

LA NOURRICE. – Voilà qui te touche ?

PHÈDRE. – Ah ! mère, tu me tues. Par les dieux, je t'implore : sur cet homme, fais le silence désormais !

LA NOURRICE. – Tu vois ? Tu as ta raison, et, avec ta raison, tu refuses de servir tes enfants et de sauver ta vie.

PHÈDRE. – J'aime mes fils ; mais c'est bien une autre tourmente !

LA NOURRICE. – Tes mains, ma fille, sont-elles pures de sang ?

PHÈDRE. – Mes mains sont pures ; c'est mon cœur qui est souillé.

LA NOURRICE. – Par quelque maléfice, œuvre d'un ennemi ?

PHÈDRE. – Malgré moi, malgré lui, un ami fait ma perte.

LA NOURRICE. – Thésée a-t-il commis envers toi quelque faute ?

PHÈDRE. – Qu'on ne me voie jamais lui faire tort, à lui !

LA NOURRICE. – Quel est donc cet effroi qui te pousse à mourir ?

PHÈDRE. – Ah ! laisse-moi faillir ! Ce n'est pas envers toi.

LA NOURRICE. – *(S'agenouillant et saisissant la main de Phèdre.)* Si j'échoue, ce sera malgré moi, par ton fait.

PHÈDRE. – Quoi ! tu me fais violence, attachée à ma main ?

LA NOURRICE. – *(Embrassant les genoux de la reine[6].)* Et même à tes genoux, pour ne plus les lâcher.

PHÈDRE. – Malheur à toi, infortunée, si tu l'apprends !

LA NOURRICE. – Quoi de pire pour moi que ne pas te toucher ?

PHÈDRE. – Tu en mourras. Pourtant la chose est à ma gloire.

LA NOURRICE. – Et tu caches ce beau secret à mes prières ?

PHÈDRE. – De la honte je cherche à sortir noblement.

LA NOURRICE. – Parle donc, et tu y gagneras de l'honneur.

PHÈDRE. – Va-t'en, au nom des dieux, et lâche-moi la main !

LA NOURRICE. – Non, puisque tu m'envies la faveur qui m'est due.

---

6. C'est le geste rituel de la supplication dans l'Antiquité.

PHÈDRE. – Tu l'auras; je respecte ta main vénérable.

LA NOURRICE. – *(Elle fait signe aux servantes, qui disparaissent.)* Je me tais donc; à toi de parler désormais.

PHÈDRE. – O mère infortunée, quel amour fut le tien!

LA NOURRICE. – Pour un taureau, ma fille? Ou bien que veux-tu dire?

PHÈDRE. – Et toi, ma pauvre sœur, qu'épousa Dionysos...

LA NOURRICE. – Mon enfant, qu'as-tu donc? Tu insultes les tiens?

PHÈDRE. – La troisième à mon tour, je meurs, infortunée!

LA NOURRICE. – La stupeur m'a saisie. Où vas-tu en venir?

PHÈDRE. – C'est de là, non d'hier, que date mon malheur.

LA NOURRICE. – Je n'en sais pas plus long sur ce que je désire.

PHÈDRE. – Las! Que ne me dis-tu les mots que je dois dire?

LA NOURRICE. – Je ne suis pas devin pour voir dans les ténèbres.

PHÈDRE. – Qu'est-ce donc qu'on appelle amour chez les humains?

LA NOURRICE. – Rien n'est plus doux, ma fille, ni amer tout ensemble.

PHÈDRE. – Je n'en aurai goûté, pour moi, que l'amertume.

LA NOURRICE. – Quoi! tu aimes, ma fille? Est-ce un homme, et lequel?

PHÈDRE. – Celui-là – homme ou non – qu'enfanta l'Amazone.

LA NOURRICE. – Hippolyte, dis-tu?

PHÈDRE. – C'est toi qui l'as nommé.

LA NOURRICE. – Hélas! Que vas-tu dire, ma fille? Tu m'as frappée à mort...

Euripide, *Hippolyte* (v. 198-249; v. 304-353), trad. Louis Méridier,
Éd. Les Belles Lettres.

Guide d'analyse

1. L'inceste et la calomnie sont des données premières.
2. Euripide, qui fut le premier à représenter **l'amour au théâtre,** fait de la passion une **peinture tragique :** violente, plus forte que les exigences de la conscience et de la vertu, relevant de l'irrationnel, elle déchaîne le malheur et la mort; Phèdre s'impose comme une pauvre âme en lutte, que son sens de l'honneur pousse à mourir, mais que le besoin d'être aimée conduit à la calomnie; cette amoureuse torturée n'est cependant qu'un personnage secondaire.
3. Le protagoniste est à coup sûr **Hippolyte,** figure idéale, incarnation héroïque de la pureté, du refus de la vie telle qu'elle est, et de ses bassesses, dont l'amour; tant de vertu ne va pas sans défauts (l'intransigeance, l'orgueil, l'emportement ou l'agressivité de la jeunesse), mais l'impression qui domine est celle d'un être d'exception, épris d'absolu et promis par là même à la mort.
4. La tonalité religieuse de la pièce est incontestable, et ambiguë : le poète tout à la fois rêve d'un mysticisme fervent, d'un lien de dévotion entre l'homme et la divinité, et dénonce l'arbitraire, la cruauté des jeux des dieux (de la fatalité), qui se jouent toujours aux dépens des hommes.

Intertextualité. *En comparant cet extrait du modèle grec avec le passage correspondant de la tragédie racinienne, vous apprécierez :* a) *les emprunts, les modifications ou les retranchements chez le dramaturge français, et leur raison d'être;* b) *l'irréductible originalité en fin de compte des deux textes.*

2. Sénèque

Un simple résumé de sa Phèdre *laisse apparaître des changements importants. L'action se déroule cette fois-ci «* à Athènes et aux environs ». *Hippolyte paraît d'abord, tout au plaisir de la chasse, encourageant de la voix et du geste ses compagnons et ses chiens qui traquent le gibier sauvage. Puis Phèdre, mariée à un époux volage et lasse de cette union, exhale ses plaintes ; une autre douleur, bien pire, l'accable : elle éprouve une passion brûlante pour Hippolyte. Sa nourrice, qui l'écoute, et qui connaît l'aversion du fils de l'Amazone pour l'amour, essaie de la détourner de ses coupables pensées, mais, pour sauver la reine qui se laisse mourir, elle tente de persuader le farouche jeune homme de se soumettre aux lois de Vénus. Alors qu'Hippolyte, pour toute réponse, proclame son dégoût de l'amour, des femmes et des corruptions de la vie, Phèdre survient et ne peut s'empêcher d'avouer elle-même à son beau-fils la passion qu'il lui inspire. Furieux, révolté, le prince tire son glaive pour la tuer, puis, se ravisant, s'enfuit précipitamment pour éviter toutes ces souillures, et la nourrice ameute la foule en criant qu'il a voulu violenter la reine. Lorsque Thésée revient enfin des Enfers, il retrouve sa femme mourante : celle-ci, pressée de questions, confirme la calomnie de la nourrice. Sans même avoir revu son fils, Thésée demande à Neptune de mettre à mort le coupable. Un messager vient annoncer le triste sort d'Hippolyte que ses chevaux, terrifiés par un monstre surgi de la mer, ont traîné et déchiqueté sur les rochers. Phèdre se lamente sur le cadavre du jeune homme qu'on apporte, et se tue d'un coup de glaive après l'avoir innocenté. Thésée n'a plus qu'à rassembler en gémissant les membres déchirés de son fils.*

L'aveu de Phèdre à Hippolyte

[...] PHÈDRE. – *(A Hippolyte.)* Aie pitié de moi : – comprends les muettes supplications de mon âme. Je veux parler et je n'ose.

HIPPOLYTE. – Quel est donc ton mal?

PHÈDRE. – Un mal dont on ne croirait pas qu'une marâtre puisse être atteinte.

HIPPOLYTE. – Tu lances d'une voix hésitante des mots obscurs. Parle ouvertement.

PHÈDRE. – La flamme ardente d'une passion insensée brûle mon cœur : sa fureur bouillonne jusqu'au plus profond de mes moelles et parcourt mes veines ; mes entrailles recèlent ce feu caché, cet amour secret, semblable à l'incendie dont les flammèches rapides courent à travers les lambris élevés d'un édifice.

HIPPOLYTE. – C'est sans doute ton chaste amour pour Thésée qui te jette dans ce délire?

PHÈDRE. – Oui, Hippolyte ; c'est cela. Ce sont les traits de Thésée que j'aime, ses traits de jadis, ceux qu'il avait encore adolescent quand ses joues virginales s'ombrageaient d'une barbe naissante, quand il visita la ténébreuse demeure du monstre de Gnosse[1] en tenant un long fil qui suivait tous les détours de sa route. Ah ! de quelle beauté il brillait alors ! Des bandelettes pressaient sa chevelure ; l'incarnat de la pudeur teignait ses joues délicates ; ses jeunes bras avaient déjà des muscles vigoureux ; il avait le visage de ta Phébé[2] ou de mon Phébus[2] ou plutôt encore le tien – oui, il était bien tel, tel que cela, quand il plut à son ennemie même[3] ; c'est ainsi qu'il levait fièrement la tête : mais tu brilles encore davantage dans ta beauté dénuée d'artifice[4] ; ton père revit en toi tout entier et pourtant il se mêle également à cette ressemblance je ne sais quelle grâce un peu sauvage qui te vient de ta mère : oui, sur ton visage de Grec apparaît la rudesse, un peu farouche, d'un Scythe. Si tu étais entré avec ton père dans les eaux de la Crète, c'est à toi que ma sœur aurait plutôt destiné le fil de ses fuseaux. C'est toi, ma sœur, c'est toi que j'invoque, quelle que soit la partie du firmament où tu brilles[5], pour une cause semblable à la tienne : une seule famille nous a séduites toutes deux, ma sœur ; toi le père, et moi le fils. *(A Hippolyte.)* Vois couchée suppliante, à tes genoux où elle tombe, la fille d'une royale maison ! Moi qui ne fus jamais souillée d'aucune tache, moi qui, jusqu'ici, suis restée pure et innocente, c'est pour toi seul que je me transforme en coupable. C'est bien résolument, va, que je me suis abaissée à ces prières : ce jour terminera ma douleur ou ma vie. Aie pitié d'une amante.

HIPPOLYTE. – O puissant roi des dieux[6], avec quelle patience tu écoutes, tu contemples de tels forfaits ? Quand donc lanceras-tu la foudre de ta main redoutable, si à présent le ciel reste serein ? Que tout le ciel ébranlé se précipite et cache la lumière du jour sous de sombres nuages ; que les étoiles se retournent, rebroussent chemin en suivant une carrière insolite. Et toi, dont la tête étincelle de rayons, Soleil, peux-tu donc contempler le crime de celle qui descend de toi ? Plonge ta clarté dans les ténèbres et fuis. Pourquoi ta droite ne frappe-t-elle pas, ô maître des dieux et des hommes, et pourquoi le ciel ne s'embrase-t-il pas de ta foudre aux trois pointes ? C'est moi qu'il faut foudroyer, percer, consumer de part en part de ta flamme rapide : – c'est moi qui suis coupable : j'ai mérité de mourir, car j'ai plu à ma marâtre. Je t'ai donc paru digne de ta luxure ? Je t'ai

1. Le Minotaure, enfermé dans un dédale du palais de Cnossos. – **2.** Artémis (Diane) et Apollon (Phébus) étaient frère et sœur. – **3.** Ariane, fille du roi Minos. – **4.** Sénèque fait d'Hippolyte un philosophe stoïcien, farouche et quelque peu négligé ! – **5.** Dionysos (Bacchus) aurait fait cadeau à Ariane, en l'épousant (après son abandon), d'un diadème d'or, œuvre d'Héphaïstos, et ce diadème serait devenu ensuite une constellation. – **6.** Zeus (Jupiter).

donc paru seul le facile objet d'un tel crime ? Voilà le prix de mon austérité farouche ? O toi qui dépasses en scélératesse le sexe féminin tout entier, toi qui as osé tenter un crime pire que celui qui fit concevoir un monstre à ta mère[7], tu es encore plus mauvaise que celle qui t'a engendrée ! Elle n'a fait que se souiller de cet adultère, et pourtant sa faute longtemps ignorée fut révélée lors de son accouchement par la nature hybride de son enfant : à lui seul, ce fils, dont le corps complexe mélange la bête à l'homme, accuse sa mère, par son effroyable museau, du crime qu'elle a commis : – et ce sont ces flancs qui t'ont portée, toi. O trois et quatre fois heureux le sort de ceux qu'ont dévorés, transpercés et livrés au trépas la haine et la perfidie ! – O mon père, je t'envie. Cette femme est un fléau plus grand, oui, plus grand que ta marâtre Colchidienne[8].

PHÈDRE. – Je connais moi aussi la fatalité attachée à notre maison : nous aimons ce que nous devrions fuir ; mais je ne suis pas maîtresse de moi. Je te suivrai même à travers les flammes, à travers la mer en furie, à travers les rochers et les fleuves qu'emporte un courant impétueux : partout où tu porteras tes pas, j'irai, dans mon délire : à nouveau, homme insensible, je tombe à tes genoux.

HIPPOLYTE. – Au large ! Éloigne de mon corps chaste ton contact impudique. Mais quoi ! elle se précipite même pour m'étreindre ? Dégainons notre glaive : qu'elle subisse le châtiment qu'elle a mérité. Voici que de ma main gauche j'ai courbé sa tête impudique en tordant ses cheveux ; jamais sang n'aura plus justement été versé sur tes autels, ô déesse qui lance des traits[9] !

PHÈDRE. – Hippolyte, c'est à présent que tu exauces mon vœu : tu guéris ma folie. Que dis-je ? C'est plus que je ne souhaitais : mourir sans avoir perdu mon honneur et par tes mains !

HIPPOLYTE. – *(Il lâche Phèdre.)* Non, va-t'en, vis, afin que tu n'obtiennes pas même cela de moi, et que le glaive même qu'a souillé ton contact quitte mon chaste flanc ! Où me purifier ? Dans quel Tanaïs[10], quel Palus Méotide[11] dont les eaux se jettent dans les flots barbares du Pont[12] ? Le père des ondes lui-même[13] ne pourrait laver une telle souillure avec l'océan tout entier. O forêts, ô bêtes sauvages ! *(Il s'enfuit.)*

Sénèque, *Phèdre* (v. 636-718), trad. Léon Hermann, Éd. Les Belles Lettres.

7. Pasiphaé qui enfanta le Minotaure. – **8.** Médée qu'Égée avait épousée en secondes noces. – **9.** Artémis. – **10.** Le Don (qui sépare l'Europe de l'Asie). – **11.** Étang du pays des Méotes ou Scythes. – **12.** Le Pont-Euxin (la mer Noire). – **13.** Poséidon (Neptune), le dieu des mers.

Guide d'analyse

L'analyse révèle des similitudes : les données de la pièce sont les mêmes ; néanmoins les différences sont importantes :
1. Les dieux passent à l'arrière-plan, et la signification religieuse s'efface au profit de la **peinture des caractères.**
2. Hippolyte s'est durci et a perdu toute richesse mystique : c'est au vrai un **philosophe stoïcien,** rude et farouche, qui condamne sans appel le pouvoir, la richesse, et toutes les passions humaines, quelles qu'elles soient.
3. Phèdre est devenue le **personnage principal :** la tragédie – qui porte son nom – est surtout l'étude psychologique, voire pathologique, de la passion amoureuse ; puissante, hardie, l'héroïne n'a plus guère de noblesse d'âme, de pudeur ou de touchante humanité : elle avoue elle-même son amour et s'offre sans retenue à l'aimé ; son désespoir est aussi violent quand elle se suicide.
4. Par ailleurs la pièce, faite pour être lue plutôt que représentée, vise tout à la fois au **« Grand-Guignol »** et aux **effets oratoires** (longs monologues, savantes descriptions) ; il ne faut pas oublier que cette version romaine, inférieure au modèle grec (nuancé, plein d'humanité et de grandeur), a cependant été la principale source de diffusion de la légende, et d'inspiration, dans les milieux « humanistes ». L'un des mérites de Racine sera de revenir à la pure source grecque.

Intertextualité. *Les emprunts de Racine à Sénèque sont incontestables ; vous apprécierez cependant en comparant les passages similaires tout ce qui sépare l'art « expressionniste » et comme « baroque » du Latin de l'art mesuré et « classique » du Français.*

LA *PHÈDRE* DE PRADON

Tous les adaptateurs modernes, sauf Garnier et Racine, eurent à cœur d'édulcorer la cruelle légende antique ; c'est ce que fit par exemple Pradon dans sa Phèdre et Hippolyte, *dont voici les données essentielles :* **Acte I :** *Hippolyte veut quitter Trézène pour partir à la recherche de son père, en fait pour fuir Phèdre, fiancée à Thésée ; il annonce son départ à la confidente de Phèdre, Aricie, à qui il finit par déclarer qu'il l'aime. De son côté Phèdre avoue à Aricie qu'elle aime Hippolyte et qu'elle est prête à abandonner Thésée.* **Acte II :** *Aricie supplie le jeune homme de partir et Phèdre le prie de rester ; effectivement Hippolyte diffère son voyage et l'espoir de Phèdre grandit, celui qu'elle aime lui ayant révélé que lui aussi aimait. On annonce cependant le retour de Thésée : Phèdre s'enfuit ; le roi demande à son fils si sa fiancée a regretté son absence : embarras d'Hippolyte.* **Acte III :** *Phèdre commence à se méfier d'Aricie, et éclate de fureur quand Thésée l'invite à favoriser le mariage de sa confidente et d'Hippolyte. Le roi qui a été prévenu par un oracle qu'une personne qui lui était chère lui prendrait celle qu'il aimait sent grandir ses soupçons à l'égard de son propre fils. Phèdre n'hésite pas à déclarer son amour à Hippolyte après que ce dernier lui a dit qu'il aimait Aricie ; sa colère se déchaîne devant le dédain du jeune homme et elle menace la vie de sa confidente.*

Acte IV : *Hippolyte ayant refusé la main d'Aricie (qu'il trouve trop jeune!), Thésée, de plus en plus jaloux, se résout à bannir son fils. Entre-temps Phèdre a fait emprisonner Aricie; elle n'accuse pas expressément le jeune homme devant Thésée et plaide même pour lui, n'ayant pas perdu tout espoir de le fléchir. Hippolyte vient la prier à genoux de libérer Aricie... et d'aimer Thésée! Son père le surprend dans cette posture, se méprend, et demande à Neptune de le venger.* **Acte V :** *Phèdre demande pardon à Aricie qu'elle a libérée. Aricie, de plus en plus inquiète, révèle la vérité à Thésée, qui se lamente et veut rappeler son fils. On annonce que Phèdre a quitté la ville, à la suite d'Hippolyte. Et voici enfin qu'on donne la nouvelle de leur mort à tous deux : Neptune a satisfait au vœu de Thésée, et Phèdre s'est tuée sur le cadavre du jeune homme.*

Intertextualité. *Vous apprécierez tout ce qui sépare un chef-d'œuvre... de médiocrité d'un authentique chef-d'œuvre; l'étude des remaniements opérés par Pradon (dans quel sens vont-ils?) vous permettra de mieux saisir la « cruauté » de Racine, revenant aux données essentielles (lesquelles?) de la légende.*

LECTURES MODERNES DE *PHÈDRE*

« L'auteur français qui est sans doute le plus lié à l'idée d'une **transparence** classique » (R. Barthes) a suscité de nombreux travaux, débats ou même conflits. On peut distinguer au sein de la critique moderne[1] qui s'inspire de plus en plus des nouvelles sciences de l'homme (sociologie, psychanalyse, linguistique) les grandes orientations suivantes :

1) Une approche sociologique : enracinée dans une époque, l'œuvre relève d'une idéologie, d'une sensibilité propres à une société (voire un milieu) donnée : elle doit être étudiée dans cette liaison avec un contexte socioculturel[2].

Dans un ouvrage célèbre, *Le Dieu caché, étude sur la vision tragique dans* Les Pensées *de Pascal et dans le théâtre de Racine (1955)*, **Lucien Goldmann** rattache une « vision du monde[3] » tragique, telle qu'elle se révèle dans une pensée (Pascal) ou un genre (Racine), aux malheurs et à l'inconfort d'un groupe social, celui des « officiers[4] » que la montée du pouvoir royal absolu écarte de la scène politique, et qui sublime ses rancœurs historiques dans le pessimisme et la tristesse du jansénisme. Dans le théâtre racinien le tragique jaillit de l'« *opposition radicale entre un monde d'êtres sans conscience authentique et sans grandeur humaine et le personnage tragique, dont la grandeur consiste précisément dans le refus de ce monde et de la vie* » ; pathétique cependant est la « misère » du héros, voué à la solitude, incapable de communiquer aussi bien avec le « *Dieu caché* » qu'avec les hommes. Les idées essentielles de l'essai sont reprises dans une étude sur *Racine* (L'Arche, 1970).

2) **Une approche psychocritique :** nourrie des obsessions de l'auteur, surgie du « moi » profond, de l'inconscient, l'œuvre doit être abordée dans une perspective freudienne.

Fondateur de la « psychocritique », **Charles Mauron,** fidèle à l'esprit du freudisme, s'efforce d'analyser l'œuvre en la reliant à l'inconscient de son auteur, utilisant d'ailleurs pour ce faire aussi bien l'interprétation psychanalytique que l'analyse thématique ou le contrôle par la biographie, sans négliger pour autant la singularité proprement littéraire du texte. Le critique a développé les vues avancées à l'occasion d'un premier ouvrage sur *L'Inconscient dans l'œuvre et la vie de J. Racine* dans une seconde étude consacrée à *Phèdre* (J. Corti, 1969).

3) **Une analyse textuelle :** dénonçant un « postulat d'analogie » (les textes étudiés sont toujours mis en rapport avec quelque chose d'autre que la littérature proprement dite), certains critiques veulent s'attacher aux thèmes, aux procédés, aux « structures » internes de l'œuvre, à sa « lettre[5] ».

Pour être juste ces diverses méthodes ne s'excluent pas forcément les unes les autres et leurs convergences sont souvent fructueuses ; par ailleurs de nombreuses études sont des « essais », et leurs partis pris, s'ils peuvent être contestables, n'en sont pas moins stimulants.

---

1. Cf. le précieux « *Dossier : Racine aujourd'hui* » de l'éd. Morel-Viala (Garnier) consacré à la critique moderne (celle de l'après-guerre jusqu'à nos jours), ou les pages intitulées « *Aujourd'hui* » de *La Tragédie classique en France* de J. Truchet ; pour la critique antérieure cf. J.-J. Roubine, *Lectures de Racine*, Colin. – **2.** Critique d'inspiration « marxiste ». – **3.** Un « ensemble d'aspirations, de sentiments et d'idées qui réunit les membres d'un groupe (le plus souvent une classe sociale) et les oppose aux autres groupes ». – **4.** Les gens de robe (juges, avocats, etc.), les membres des Parlements dont la fonction et le prestige sont battus en brèche par une monarchie qui tend vers l'absolutisme et le centralisme et se méfie d'une caste sociale par trop indépendante ou frondeuse. – **5.** Cf. A. Niderst, *Les Tragédies de Racine, diversité et unité*, Nizet, 1975, etc.

BIBLIOGRAPHIE

1. Les éditions
On trouvera *Phèdre* dans de nombreuses intégrales dont les plus récentes sont :
– Éd. R. Picard, Bibl. de la Pléiade, Gallimard, 2 vol., 1951-1952.
– *Théâtre de Racine*, annoté par P. A. Touchard, Club des Libraires de France, 2 vol., 1958.
– Éd. P. Clarac, Seuil, « L'Intégrale », 1962.
– Éd. J. Morel et A. Viala, *Théâtre complet*, Garnier, 1980, qui a le mérite de reproduire le texte de l'édition collective de 1697, la dernière parue du vivant de Racine, et de présenter un précieux dossier « Racine aujourd'hui » consacré à la critique et aux mises en scène modernes.
– Discographie : texte intégral dans l'Encyclopédie sonore Hachette ; choix de scènes caractéristiques dans les Sélections sonores Bordas.

On pourra comparer l'œuvre de Racine avec celles de ses prédécesseurs illustres, Euripide et Sénèque, en se servant des éditions suivantes :
– Euripide, tome II (lequel contient l'*Hippolyte* ; texte grec et traduction), éd. « Les Belles Lettres », Paris, 1960.
– Sénèque, tome I (lequel contient *Phèdre* ; texte latin et traduction) éd. « Les Belles Lettres », Paris, 1968.
– L'*Hippolyte* de Garnier a par ailleurs été édité dans la collection des « Belles Lettres » par R. Lebègue, Paris, 1974.

2. Racine et son œuvre
Sur l'homme et son théâtre on consultera avec profit :
– F. Mauriac, *La vie de Jean Racine*, 1928 ; rééd. 1934, Paris, Grasset.
– J. Giraudoux, *Racine*, Paris, Grasset, 1930.
– P. Moreau, *Racine, l'homme et l'œuvre*, Paris, Boivin, 1943.
– J. Pommier, *Aspects de Racine*, Paris, Nizet, 1954.
– R. Picard, *La Carrière de Jean Racine*, Paris, Gallimard, 1956, rééd. 1961 : une somme inégalée qui est à la fois une biographie détaillée et l'étude d'une société singulière, celle du XVIIe siècle.
– R. Jasinski, *Vers le vrai Racine*, Paris, Colin, 1958.

3. L'environnement socioculturel
De nombreuses études permettent de situer **le théâtre de Racine** dans son époque ; les ouvrages essentiels en la matière sont :
– A. Adam, *Histoire de la littérature française au XVIIe siècle*, Paris, Domat-Montchrestien, 1948-1956 (le tome IV en particulier) : un ouvrage indispensable de référence.
– P. Bénichou, *Morales du grand siècle*, Paris, Gallimard, 1948 : une étude approfondie des rapports des grands « classiques » avec l'« idéologie » de leur temps.

En ce qui concerne le phénomène particulier de **la tragédie « classique »,** les ouvrages de base sont :
– J. Schérer, *La Dramaturgie classique en France*, Paris, Nizet, 1950.
– J. Morel, *La Tragédie*, 2e éd., Paris, Colin, coll. « U », 1966 : l'étude d'un théâtre qui est aussi bien du XVIe ou du XVIIIe que du XVIIe siècle.
– J. Truchet, *La Tragédie classique en France*, Paris, P.U.F., coll. « Sup », 1975 ; la plus récente synthèse sur le théâtre classique.

4. Le théâtre de Racine
Les analyses les plus marquantes de la critique moderne sont les suivantes :
– L. Goldmann, *Le Dieu caché*, Paris, Gallimard, 1956 ; l'essentiel en est repris dans *Racine*, Paris, L'Arche, nouv. éd. 1970.
– Ch. Mauron, *L'Inconscient dans l'œuvre et la vie de Racine*, 1957 ; nouv. éd. Paris, J. Corti, 1969.
– R. Barthes, *Sur Racine*, Paris, éd. du Seuil, 1963.
– J.-J. Roubine, *Lectures de Racine*, Paris, Colin, 1971.
– A. Niderst, *Les Tragédies de Racine*, Paris, Nizet, 1975.
– J. Schérer, *Racine et/ou la cérémonie*, Paris, P.U.F., 1982.

5. Lectures de Phèdre
De la pièce elle-même citons quelques études intéressantes :
– J.-L. Barrault, *Mise en scène de Phèdre*, Paris, éd. du Seuil, 1946.
– T. Maulnier, Lecture de Phèdre, éd. augmentée 1967, Paris, Gallimard.
– Ch. Mauron, *Phèdre*, Paris, J. Corti, 1978.

6. A l'usage des classes
Signalons quelques brèves études, instruments de travail commodes pour les élèves du second cycle :
– Deux analyses de *Phèdre*, l'une de J.-J. Roubine, coll. « Lectoguide », éd. Pédagogie moderne, l'autre de R. Mathé, coll. « Profil d'une œuvre », éd. Hatier.
– C. Puzin, *Le Tragique*, coll. « Intertextes », Nathan : l'étude de cette « forme » qu'est le tragique de l'Antiquité grecque à nos jours.
– Quelques titres de la collection « Que sais-je ? », P.U.F. : V.L. Saulnier, *La littérature française du siècle classique* (n° 95) ; R. Pignarre, *Histoire du théâtre* (n° 160) ; *La littérature grecque*, de F. Robert (n° 227) ; R. Pignarre, *Histoire de la mise en scène* (n° 309) ; H. Méthivier, *Le Siècle de Louis XIV* (n° 426) ; P. Van Tieghem, *Les Grands Comédiens (1400-1900)* (n° 879) ; L. Cognet, *La Jansénisme* (n° 960) ; A. Niderst, *Racine et la tragédie classique* (n° 1753).

RÉFÉRENCES ICONOGRAPHIQUES :

Bernand, 72, 87. – Bulloz, 15 g, 109. – Charmet, 8, 22, 34, 52. – Nathan, 15 d, 82. – Roger-Viollet, 38, 44, 131.

Recherche iconographique : Gaëlle Mary.
Maquette : Sylviane Gil Antoli.

TABLE DES MATIÈRES

Pages

Tableau chronologique 2

Introduction 3
I. La carrière de Jean Racine 5
II. Racine et Port-Royal 7
III. Racine et la Cour 13
IV. Racine et le théâtre de son temps 19

Préface 28
La Grèce légendaire et héroïque. Personnages 31
Acte I : Deux amours, deux confidences coupables 35
Acte II : Déclarations d'amour 59
Acte III : Coup de théâtre : le retour du roi 81
Acte IV : Les jeux et les passions des hommes 98
Acte V : Le triomphe de la mort 119

Analyse synthétique 137
I. L'amour tragique 137
II. La fatalité tragique 140
III. La cérémonie tragique 144

Les sources antiques 148
1. Euripide : *Hippolyte.* L'aveu de Phèdre à sa nourrice 148
2. Sénèque : *Phèdre.* L'aveu de Phèdre à Hippolyte 152

La Phèdre de Pradon 155

Lectures modernes de *Phèdre* 156

Bibliographie 158

Imprimé en France par l'Imprimerie Aubin 86240 Ligugé
D.L., novembre 1984. — Nº d'Édit., Y 36335 J (P.F. VII) TC. — Nº d'Impr., L 17302